Cilia Neumann

Lilienfüße in China

Aschenputtels Erbe

Bibliografische Information der Deutschen Nationalbibliothek
Die Deutsche Nationalbibliothek verzeichnet diese Publikation in der Deutschen
Nationalbibliografie; detaillierte bibliografische Daten sind im Internet über
http://dnb.d-nb.de abrufbar.

ISSN 0721-3549
ISBN 978-3-631-67680-6 (Print)
E-ISBN 978-3-653-07155-9 (E-Book)
DOI 10.3726/978-3-653-07155-9

© Peter Lang GmbH
Internationaler Verlag der Wissenschaften
Frankfurt am Main 2016
Alle Rechte vorbehalten.
PL Academic Research ist ein Imprint der Peter Lang GmbH.
Peter Lang – Frankfurt am Main · Bern · Bruxelles · New York · Oxford · Warszawa · Wien

Diese Publikation wurde begutachtet.

www.peterlang.com

Für Vico und Golo

Danksagung

An dieser Stelle möchte ich mich bei all denjenigen bedanken, die mich während der Anfertigung dieser Magisterarbeit unterstützt und motiviert haben.

Zuerst gebührt mein Dank Herrn PD Marc Winter, der meine Arbeit betreut und begutachtet hat und mich letztlich dazu bewogen hat, diese Arbeit im Nachhinein zu veröffentlichen. Für seine hilfreichen Anregungen und die konstruktive Kritik möchte ich mich an dieser Stelle ganz herzlich bedanken.

Ebenfalls möchte ich mich bei Frau Professor Sabine Dabringhaus bedanken, die mich während meines Studiums stets unterstützt hat und bei Herrn Professor Yu Siu-wah für die Hilfe bei der Analyse der chinesischen Originalquellen.

Meinem Mann Christoph danke ich besonders für den starken emotionalen Rückhalt über die Dauer meines gesamten Studiums sowie die zahlreichen interessanten Debatten und Ideen, die maßgeblich dazu beigetragen haben, dass diese Magisterarbeit in dieser Form vorliegt.

Abschließend möchte ich mich bei meinem Vater Rainer Manertz bedanken, der sich in der Endphase viel Zeit genommen hat, die Arbeit Korrektur zu lesen. Meiner Mutter Hanne Manertz danke ich, dass sie in Notfällen unsere Kinder betreut hat, so dass ich das Studium erfolgreich beenden konnte.

Cilia Neumann
Freiburg, den 13.06.2016

Inhaltsverzeichnis

Geleitwort

Die Qualität wissenschaftlicher Leistungen hängt stets von mehreren Faktoren ab. Diese sollten idealerweise alle vorhanden sein und untereinander eine Ausgewogenheit erreichen, damit die Berücksichtigung aller Faktoren zur wissenschaftlichen Qualität einer forscherischen Leistung beitragen kann. Neben der unabdingbaren Finanzierung hängt gute Forschung ab von einer unvoreingenommenen Herangehensweise an das Thema, guter Faktenlage zur Beurteilung des Forschungsgegenstandes, methodischer Sicherheit in der Interpretation der Datenerhebung, stilistischer Sicherheit im Zusammenfassen der Ergebnisse und persönlicher Leidenschaft für das Thema.

Frau Cilia Neumann hat mit der vorliegenden Studie eine Forschungsarbeit verfasst, welche die oben skizzierten Qualitäten aufweist. Initiiert durch die persönliche Konfrontation mit den verkrüppelten Füssen einer alten chinesischen Dame waren die persönliche Leidenschaft für das Thema ebenso wie der Drang, neue Fragen zu stellen — eine Erklärung zu finden — die Antriebskraft, die zur Wahl des Themas führte. Frau Neumann beschloss, sich wissenschaftlich mit den eingebundenen Füßen zu beschäftigen, diesem grausamen Brauchtum, welches die Füße eines zunehmend größeren Prozentsatzes chinesischer Frauen in den letzten eintausend Jahren des chinesischen Kaiserreiches verkrüppelten, entstellten, und die Frauen zu stark eingeschränkter Mobilität im Alltag verdammten.

Insbesondere die geforderte unvoreingenommene Herangehensweise an ein Thema ist bei einem solch emotionalen Inhalt als große Leistung zu beurteilen und genau hier brilliert Frau Neumanns Forschergeist: Aufbauend auf die zuvor geleistete Forschung zum Thema «eingebundene Füße» sucht sie von einem neuen Blickwinkel eine Erklärung für dieses chinesische kulturelle Spezifikum, die «Lilienfüße», «Lotusfüße» oder den «Goldlotus». Wenn eine kulturelle Institution über einen solch langen Zeitraum so sehr hochgehalten wird, dann muss sich eine kulturanthropologische Erklärung finden lassen. Eine solche anzubieten, war das Unternehmen, dessen sich Frau Neumann mit der vorliegenden Arbeit angenommen hat.

Die eingebundenen Füße nehmen als die Erzgrausamkeit der chinesischen Kultur im Rahmen der Chinarezeption seit der Mitte des 19. Jahrhunderts eine spezielle Position ein. Da die imperialistische Konstruktion eines Chinabildes «den Chinesen» Grausamkeit als Wesensmerkmal andichtete, passt die Verkrüppelung der weiblichen Füße hervorragend als Beleg. Die gar nicht so unterschwellige, aber für europäische Imperialisten überhaupt nicht nachvollziehbare Erotik der kleinen Füßchen trug das ihre zur Zementierung dieses Brauchs als «Perversion» bei. Auch die feministische Chinarezeption des 20. Jahrhunderts fand in den bedauernswerten Schicksalen der so zugerichteten Frauen ein reiches Feld vor. In der chinesischen Rezeption der eigenen Vergangenheit nach dem Ende des Kaiserreiches 1912 wurden die noch bis 1911 als Schönheitsideal gefeierten Füße zum Symbol für die Verwerflichkeit des imperialen oder «feudalen» Systems, eine Interpretation, die auch nach Beginn der Volksrepublik 1949 unverändert weitergeführt wurde.

Doch jenseits aller gerechtfertigter Verurteilung durch Imperialisten, Feministinnen oder Kommunisten bleibt die Tatsache, dass es eine Erklärung geben muss für diese Barbarei, die Mütter ihren Töchtern antaten, Tanten ihren Nichten. Frauen, die das beinahe ein Jahrzehnt andauernde Martyrium konstanter Schmerzen erduldet hatten, unterwarfen die nächste Generation denselben Qualen. Wie lässt sich das erklären? Welche Motive steckten dahinter und weshalb wurde der Brauch ausgeweitet von einzelnen Hofdamen zu einer breiten Schicht der weiblichen Bevölkerung?

Diese Fragen beantwortet Cilia Neumann ausgehend von ihrer axiomatischen Annahme, dass es «innerhalb eines gesellschaftlichen Systems grundsätzliche Voraussetzungen [gibt], die eine kulturelle Sitte unterstützt oder sie sogar als Legitimation für das eigene gesellschaftliche Modell benötigt.» So selbstverständlich der Satz vielleicht scheinen mag, im Rahmen der Chinarezeption zum Thema der eingebundenen Füße ist er geradezu revolutionär. Die Autorin befreit sich vom Ballast einer Verdammungstradition und sie gelangt mit den Fragestellungen der Religionsethnologie, der Kulturanthropologie und einer historisch-linguistischen Betrachtung des Phänomens zu einem neuen Verständnis, welches es in gewissem Sinne erst erlaubt, den so misshandelten ungezählten Frauen Anerkennung für ihr Leid zuteilwerden zu lassen, weil erst dieses neue Verständnis ihren kulturellen Beitrag zu würdigen versucht.

Cilia Neumanns hier publizierte Forschung trägt Eigenschaften der Magisterarbeit in sich, als die sie verfasst wurde, aber der darin erkennbare forscherische Drang und die Ausdauer, bis zur Beantwortung einer Frage alle Fakten zu berücksichtigen, weisen weit über die Ansprüche einer universitären Qualifikationsarbeit hinaus, es ist eigenständige Forschung im besten Sinn.

Marc Winter   Zürich, den 16. Mai 2016

1. *Prolog*

Es war einmal ein sehr hübsches, schüchternes und liebevolles Mädchen, mit den schönsten und zierlichsten Füßen, die man sich vorstellen kann[1]. Ausgebeutet und gedemütigt, zum Schlafen in der Asche neben dem Herd gezwungen, fristete „Aschenputtel" sein Leben als Halbwaise im Hause des Vaters mit den beiden Stiefschwestern und der Stiefmutter.

Als der König des Landes, einen Hofball für seinen Sohn ausrichtete, damit dieser sich seine zukünftige Frau aussuchen sollte, wurden alle Jungfrauen des Landes eingeladen. Die Freude im Hause Aschenputtels war groß, konnten doch die beiden Stiefschwestern es kaum erwarten, dem Prinzen zu begegnen. Einzig Aschenputtel weinte Tränen am Grab seiner Mutter und beklagte bitter, nicht zum Hofball gehen zu dürfen. Doch plötzlich erschien ein weißer Vogel und warf ein prächtiges Kleid und seidene Pantöffelchen vom Baum.

Unerkannt schlich sich Aschenputtel auf den Ball. Es war das schönste Mädchen des Abends und der Prinz verliebte sich sogleich in seine anmutige Gestalt. Zweimal gelang Aschenputtel die Flucht, bevor es erkannt wurde, doch beim dritten Ballbesuch, verlor es einen seiner zierlichen Schuhe. Der Prinz bemüht, die wahre Besitzerin des Schuhs zu finden, ließ die Stiefschwestern den Schuh probieren – mit fatalen Folgen. Die eine schnitt sich die Zehen ab, die andere die Ferse, so dass die Täubchen gurrten: „Rucke di ku, rucke di ku, Blut ist im Schuh. Der Schuh ist zu klein, die rechte Braut sitzt noch daheim".

So fand am Ende der Prinz doch noch sein Aschenputtel und entdeckte, wer die wahre Braut für ihn war...und wenn sie nicht gestorben sind, dann leben sie noch heute.

Vielleicht trug sich die Geschichte aber auch folgendermaßen zu:

Es war einmal – noch lange vor der Qin- und Han-Dynastie – ein Höhlenmeister, der hieß Wu[2]. Nach damaliger Tradition hatte er zwei Frauen,

---

1   Aschenputtel, auch Aschenbrödel: Märchen nach den Gebrüdern Grimm. Hier eine stark gekürzte eigene Version des bekannten Märchens.
2   Die Geschichte der Yeh Shen (葉限) geht zurück auf das Buch „*Yǒuyáng zázǔ*" (酉阳杂俎) „Ein bunter Teller von Geschichten von der Südseite des You-Hügels"

*mit denen er jeweils eine Tochter hatte. Als die erste Frau starb, folgte ihr
kurz darauf auch der alte Wu.*

*Zurück blieb die gemeinsame Tochter, die nun ihr Leben mit der Stief-
mutter und Stiefschwester teilen musste. Die kleine Yeh Shen war ein artiges
Kind, sehr hübsch und intelligent – das genaue Gegenteil ihrer Halbschwes-
ter und der grausamen Stiefmutter. Verlassen, einsam und allein pflegte sie
die Freundschaft zu einem Fisch im Teich hinterm Haus, den sie großzog
und täglich fütterte. Von Stiefmutter und Stiefschwester wie eine Sklavin
gehalten, musste sie tagein und tagaus arbeiten. Eines Tages fing die grausame Stiefmutter auch noch den Fisch und briet ihn zum Essen. Als es schon
am Rande der Verzweiflung war, erschien dem Mädchen ein alter weiser
Mann, der ihm von den magischen Eigenschaften der Fischknochen erzählte
und ihm riet, die Gräten des Fisches in ihrem Zimmer aufzubewahren. Mit
diesem geheimen Wissen war es Yeh Shen nun möglich, sich jeden Wunsch
zu erfüllen, indem sie die „heiligen Reliquien" des Fisches um Hilfe bat.*

*Das Frühjahr nahte und die Vorbereitungen für das Höhlenfest waren in
vollem Gange. Yeh Shen durfte natürlich nicht am Fest teilnehmen, sondern
musste stattdessen den Apfelbaum im Garten bewachen. Doch dank des
Fisches und seiner Überreste konnte sie sich ein wunderschönes Kleid „zau-
bern" und ein Paar entzückende goldene Schuhe. So begab sich Yeh Shen
auf das große Höhlenfest, auf dem alle Dorfbewohner versammelt waren.*

*Von der Stiefschwester beinahe erwischt, konnte sie sich gerade noch
rechtzeitig unter dem Apfelbaum verstecken – aber ihren Schuh hatte sie in
der Höhle verloren. Er wurde von einem anderen Besucher des Festes gefunden und verkauft. Der Schuh landete auf der Insel T´o-han, einem kleinen
Königreich, das der Küste vorgelagert war. Der kleine goldene Pantoffel ge-
langte schließlich in den Besitz des Königs von T´o-han. Dieser, vollkommen
entzückt von der Zierlichkeit dieses goldenen Schühchens, schickte seine
Soldaten aus, seine Besitzerin zu finden. Endlich, nach langer Suche, gelang
es ihnen, Yeh Shen ausfindig zu machen. Sie probierte den Schuh und siehe
da – er passte wie angegossen. Ein Zeichen des Himmels!*

---

und ist von dem chinesischen Gelehrten Duan Chengshi (段成式 803–863) aus
Zibo, Shandong in der Zeit der Tang-Dynastie verfasst worden. Es gilt heutzu-
tage als die älteste Fassung der Aschenputtel-/Cinderella-Geschichte.
Siehe auch *Yeh Shen – A Cinderella story from China* von Ai-Ling Louie (1982).

Der König verliebte sich und nahm Yeh Shen zu seiner Frau.

Und wie ging es weiter?

...Daraufhin erließ der König ein Gesetz, dass künftig alle Frauen so kleine Füße haben sollten wie Yeh Shen – was fatale Folgen für China hatte und dazu führte, dass die legendären Lilienfüße ihren Siegeszug in sämtliche Gesellschaftsschichten antraten...

Hat es sich wirklich so zugetragen?

Die Geschichte von „Aschenputtel" ist weltweit verbreitet (See Yan Ma 2010:75). Hundert verschiedene Formen kursieren und in nahezu jedem größeren zusammenhängenden Kulturkreis findet sich eine Variante dieser Geschichte, die jener des Grimm'schen Märchens frappierend ähnlich ist (ebd.:75). Es verwundert da kaum, dass ausgerechnet aus China die älteste niedergeschriebene Variante stammt. Sie hat ihren Ursprung vermutlich in der Zeit der Tang-Dynastie und wurde im Jahr 850 v. Chr. von dem Gelehrten DUAN CHENG-SHI (段成式 803–863 v. Chr.) niedergeschrieben. (See Yan Ma 2010:75). Man könnte also davon ausgehen, dass es sich hierbei – entgegen der Annahme, man habe es mit einem typisch deutschen oder europäischen Märchen zu tun – um die Urversion des „Aschenputtel" handelt und sich die Geschichte tatsächlich von China aus verbreitete. Aber das sind nur Spekulationen, mit genauer Sicherheit lässt es sich nicht rekonstruieren. Die Gebrüder Grimm schrieben das Märchen erst im 18. Jahrhundert nieder, obgleich es Beweise dafür gibt, dass die Erzählung von „Aschenputtel" in Deutschland bereits im 15. Jahrhundert bekannt war und dann mündlich tradiert wurde (See Yan Ma 2010:75f).

„Aschenputtel" gilt als Archetypus des klassischen Märchens. Forscher folkloristischer Märchen ordnen diese nach Motiven und Typen ein und weisen sie bestimmten Nummern zu. Nach der Einteilung von Aarne und Thompson[3], welche die Geschichte unter der „Nummer 510A" listen, steht sie für das älteste und am weitesten verbreitete *Transformationsmärchen*

---

3   Siehe auch Aarne-Thompson-Index: eine Klassifikation für die internationale Erzählforschung von Märchen- und Schwankgruppen, von Antti Aarne entwickelt und Sith Thompson erweitert (entstanden 1910 und 1927).

oder auch Zaubermärchen überhaupt[4] (Loague 2006:4). Für die Erzählung vom „Aschenputtel" bedeutet dies, dass es gewisse unverrückbare Elemente in der Geschichte gibt, welche sich wiederum in sämtlichen Varianten der Geschichte manifestieren. Diese Bestandteile tauchen auch in den beiden Geschichten auf, die ich zu Beginn erzählt habe. Das deutsche Märchen und sein chinesisches Pendant verlaufen nach einem ähnlichen Muster: Bei den weiblichen Prototypen des „Aschenputtels" handelt es sich grundsätzlich um ein junges, ehrbares Mädchen, welches durch ungünstige Umstände Mutter, manchmal auch Vater verloren hat und von Stiefmutter sowie Stiefschwestern schlecht behandelt und ausgenutzt wird. „Aschenputtel" wäre eigentlich hoffnungslos verloren, hätte es nicht den Kontakt zu einem übernatürlichen Wesen[5], welches ihm die Möglichkeiten gibt, über sich hinauszuwachsen. Mit der Hilfe der Tiere (weißes Täubchen) gelingt es „Aschenputtel", sich gegen die Tyrannei von Stiefmutter und Stiefschwestern durchzusetzen und selbstbewusst zu werden. „Aschenputtel" war von Natur aus schön und edelmütig, die Frauen in ihrem Leben wissen darum und spielen ihm umso übler mit. Die magischen Geschenke in Form von Kleidern und goldenen oder gläsernen Pantoffeln unterstreichen „Aschenputtels" natürliche Schönheit und verhelfen ihm letzten Endes zum Glück. Die junge Frau wird im Verlaufe der Geschichte selbstsicher und erreicht damit die Aufmerksamkeit des „Mannes", der sie letzlich von ihrem Schicksal befreit.

„Aschenputtel" ist ein Märchen, das von den stereotypen Annahmen erzählt, welche Wünsche und Sehnsüchte, Frauen in ihrem Leben haben: Die Suche nach Geborgenheit, die in der Verbindung mit einem Prinzen gefunden wird. Auch assoziieren wir mit diesen Berichten das „archetypisch Weibliche", welches den Geschichten zu Grunde liegt. Das sind in ihrer negativen Form die Hinterlistigkeit, Falschheit, Missgunst und ein ungesundes Konkurrieren der Frauen untereinander. Diese universellen Muster und Motive werden manifest in Urbildern menschlicher Vorstellungen, die sich besonders

---

4   Siehe *http://www.artic.edu/webspaces/510iftheshoefits/Rymer_4Pages.pdf*. Eine
     Ausstellung zum Märchentyp 510A des *„The Art Instiute of Chicago"* in der
     Betty Rymer Gallery.
5   Auftauchen eines übernatürlichen Helfers gilt als das Charakteristikum des
     Märchentyps 510 A.

aus Symbolen, Metaphern, Mythologien, Märchen oder Erzählungen sowie klassischen Legenden und Sagen herleiten lassen (See Yan Ma 2010:77ff).

Ich habe das Märchen an den Anfang dieser Arbeit gestellt, die sich mit der kulturanthropologischen Geschichte der gebundenen Füße und der Frage nach ihrem Ursprung befassen wird, weil sowohl „Aschenputtel" als auch „Yeh Shen" dem weiblichen Fuß in ihrer Erzählung eine besondere Bedeutung zukommen lassen und damit einen ersten Ansatz zum Mysterium der gebundenen Füße liefern.

2. Einleitung

Der Fuß ist der Körperteil, auf dem wir stehen, und er symbolisiert den Weg im Leben, den wir gehen. Bekannte Redewendungen wie: *„Auf tönernen Füßen…"*, *„sich selbst auf den Füßen…"* oder *„anderen auf den Füßen…"* sowie *„mit beiden Füßen fest auf dem Boden stehen"* beschreiben die Art, wie jemand durch das Leben geht und umschreiben den Lebenszugang oder Charakter einer Person. In manchen Kulturen gilt der Fuß als Zeichen weiblicher Fruchtbarkeit und wird mit der Verbindung zu „Mutter Erde" assoziiert (See Yan Ma 2010:13ff.).

Neben dem weiblichen Fuß an sich spielt in beiden Geschichten der Schuh eine wichtige Rolle. Was für eine Vorstellung verbinden Menschen mit Schuhen? Schuhe galten lange Zeit als Luxusgut, das nach der Bedeckung des Körpers durch Kleidung an letzter Stelle stand. In vielen Ländern laufen noch heute die Menschen barfuss, verhüllen aber ihren Körper oder Intimbereich. Schuhen wurde die Bedeutung von Freiheit und Freisein nachgesagt (ebd.:80). Jemand, der Schuhe an den Füßen trug, konnte sich unabhängig und frei bewegen. In der Antike wurden Sklaven und Gefangenen die Schuhe weggenommen, ein Zeichen für das Einbüßen ihrer Freiheit (ebd.:80). Auch in unserer jüngsten deutschen Geschichte deuten Berge von Schuhen darauf hin, dass die ehemaligen Besitzer ihrer Freiheit oft auch des Lebens beraubt wurden.

Der Lilienfuß hat in der chinesischen Tradition eine starke metaphorische Bedeutung. Besonders das Synonym „Goldlotus", das sich eben aus „Gold" und „Lotus" zusammensetzt, steckt voller symbolischer Anspielungen. Gold wird seit der Antike mit Fruchtbarkeit, Verlangen und Sexualität in Verbindung gebracht (See Yan Ma 2010:13). Aphrodite, die Göttin der Liebe, trug einen goldenen Gürtel. Es heißt, Aphrodite wurde unwiderstehlich, wenn sie diesen gold schimmernden Gürtel trug, der eine geradezu hypnotisierende Wirkung hatte (ebd.:139). Dass Gold auch mit Sexualität assoziiert wird, mag daran liegen, dass zu Ehren Aphrodites, der ritualisierte Beischlaf Teil der Tempelzeremonie war (ebd.:13). Weil Gold als Edelmetall nicht korrodiert, wird es auch mit Reinheit in Verbindung gebracht. In der Vormoderne galt es zudem als wertvollstes Metall und wurde, gerade in der Alchemie als geheimnisvoller Jungbrunnen mit Unsterblichkeit in Verbindung gebracht (See Yan Ma 2010:13).

Betrachten wir die Geschichte von Yeh Shen, so fällt auf, dass sie wunderschöne kleine, zarte Füße hat, die sie in goldene Slipper hüllt. Diese sind aber nicht starr und fest oder gar klobig und behindern sie in ihrer Leichtigkeit. Im Gegenteil – ihre Schuhe wirken federleicht, fast ätherisch. Dennoch sind sie stark, geben Halt und verhelfen ihr zur Standhaftigkeit. Die Schuhe geben Yeh Shen genau das, was sie braucht: Freiheit. Darüber hinaus verleihen sie ihr Kraft und Stärke als Frau. Die Lotusschuhe suggerierten auch dem Betrachter durch feinste Seidenstickerei, dass es sich um ein Luxusgut handelte, welches die Frauen mit Stolz trugen. Sie waren genau das Gegenteil der verkrüppelten Füße: Ausdruck für Eleganz und Stärke.

Der Lilienfuß oder Lotusfuß, so sein poetischer Name, sollte in seiner Form an das gleichnamige Liliengewächs erinnern[6]. Der Lotus wird mit der gleichen Sinnhaftigkeit wie Gold belegt: Fruchtbarkeit, Reinheit und Spiritualität (ebd.:13). Die Reinheit und Spiritualität wird in besonderem Maße hervorgehoben, wächst der Lotus doch im schlammigen Grund eines Teichs und bildet am Ende seiner „Reise" an die Oberfläche wunderschöne weiße Blüten. Der Lotus ist fest verwurzelt mit seinem Untergrund („Mutter Erde") und es ist fast unmöglich die Pflanze herauszureißen[7]. Buddha wird häufig auf einer üppigen Lotusblüte sitzend dargestellt und der buddhistische Ausspruch: *"Om mani padme hum"* (Unreinheit-Juwel im Lotus-Unteilbarkeit) gilt als das heiligste Mantra überhaupt[8].

Sowohl „Aschenputtel" als auch die Lilienfüße der Chinesinnen spielen mit ihrer symbolischen Bedeutung und den archetypischen Vorstellungen, die sie in uns wecken. Fundamentaler Unterschied aber ist, dass es sich bei „Aschenputtel" um reine Fiktion handelt, während der „Goldlotus" Teil der chinesischen Kulturgeschichte ist. Ob sich dieser „Cinderella-Komplex" der

---

6 Mehr dazu unter „Physische und psychische Folgen durch Lilienfüße".

7 Vermutlich wird der Lotus deshalb als Metapher für Tantra und Hatha Yoga Übungen verwendet und steht als Abbild für das höchste Chakra in der buddhistisch-ayurvedischen Lehre.

8 Es beschreibt die Reise vom unreinen Körper, der unreinen Rede und des unreines Bewusstseins in den reinen erhöhten Körper, der reinen Rede hin zum reinen Bewusstsein eines Buddhas. Siehe hierzu: *http://www.ommanipadmehum.de/ dalaiman.htm* mit einer Rede des Dalai Lamas.

Chinesinnen allein durch seine Bilder und Symbole erklären lässt, wie es der bekannte Psychoanalytiker C.G. Jung[9] mit seinem psychoanalytischen Ansatz versucht hat, wage ich allerdings zu bezweifeln.

Auf der Suche nach der Fragestellung, weshalb die Lilienfüße für 1000 Jahre zu einem Dogma für Frauen wurden, werde ich zuerst einen geschichtlichen Überblick geben und auf die allgemein vorherrschenden kulturanthropologischen Erklärungen für dieses Phänomen eingehen. Hierzu nutze ich die Werke der Primärquellen von DOROTHY KO, FAN HONG und WANG PING.

Die Frage, ob es gesellschaftliche oder gar politisch motivierte Umstände gibt, die die Verbreitung und Perpetuierung eines Jahrhunderte überdauernden Brauchs begünstigen, wirft einen differenzierten Blick auf die damals vorherrschende chinesische Gesellschaft und ihre Struktur. Diese lässt Parameter erkennen, die für die Entwicklung der Lilienfüße zwingend waren. Der Brauch der Lilienfüße wurde besonders von der Klasse der hohen Beamten und Würdenträger unterstützt und erhielt aus diesen Rängen großen Zuspruch: *„Das Verhalten einiger Würdenträger, reicher und einflussreicher Beamter, hat die Verbreitung und Entwicklung der Sitte der gebundenen Füße gefördert*[10]*"* (Gao 2007:121). Von besonderer Bedeutung für meine Arbeit sind hier die Arbeiten von C. FRED BLAKE, KENNETH G. BUTER, HILL GATES und SUSAN GREENHALGH.

Nach meiner Auffassung gibt es grundsätzliche Voraussetzungen innerhalb eines gesellschaftlichen Systems, die eine kulturelle Sitte – und möge sie für uns noch so wenig nachvollziehbar sein – unterstützt oder sie sogar als Legitimation für das eigene gesellschaftliche Modell benötigt. Mit dieser These werden die Lilienfüße zwar eine chinesische Einmaligkeit bleiben, aber gemessen an anderen Formen der weiblichen Selbstverstümmelung verlieren sie den Anspruch der Einzigartigkeit, da solche Phänomene in unterschiedlichen Ausprägungen in verschiedenen Kulturen zu finden sind. So stellt beispielsweise

---

9 C.G. Jungs Psychoanalyse arbeitete unter anderem mit Märchen, da sie für ihn als Quelle archetypischer Vorstellungen galten und er mit ihrer Hilfe durchaus eigene Komplexe verstehen lernen und Hinweise erhalten konnte, die möglicherweise zum eigenen Selbstverständnis führten.

10 *Vgl. Gao, Hong-Xing 2007: S. 121:*
历史上一些大名人，大权贵，大官富的举动进一步促成了缠足风俗的蔓延发展.

die Verstümmelung des weiblichen Genitals eine Variation ein und desselben Phänomens dar. Als tradiertes Kulturgut existiert die Beschneidung nach wie vor in vielen islamischen Gesellschaften.

Diese Feststellung erhärtet sich, wenn man Lilienfüße ethnologisch als Reiferitus zu begreifen versucht. Die Religionsethnologie, die sich unter anderem mit Riten und ihren Folgen für den Einzelnen und die Gemeinschaft befasst, eröffnet als Wissenschaft die Möglichkeit, Lilienfüße unter neuen Gesichtspunkten zu betrachten. Rituelle Handlungen und Initiationsriten im Besonderen sind essentiell für eine Gesellschaft, die sich über eine starke Hierarchie und Rollenverteilung der Geschlechter definiert. Durch Rituale erlangt der Einzelne seine Position in der Gesellschaft und stützt gleichsam das System, in welchem er lebt. Basierend auf ARNOLD VAN GENNEPs „*Les Rites de passage*" werde ich die Klassifizierungen von Riten auf den Brauch der Lilienfüße übertragen und zu beweisen versuchen, dass sich – typologisch gesehen – die Lilienfüße von anderen Initiationsriten nicht wesentlich unterscheiden.

Der Brauch der Lilienfüße gleicht einem weiblichen Übergangsritus und dient dazu, als gesellschaftliches Ritual, die Gemeinschaft zu stärken. Letzten Endes bereitet diese Sitte (wie andere Initiationsriten auch) die Mädchen auf das Leben als Frau in einem patriarchalisch organisierten Gesellschaftssystem vor.

3. Tausend Jahre Lilienfüße – eine Kulturgeschichte

Die chinesische Nachrichtenagentur XINHUA (新华)[11] meldete im Jahr 1999, dass die letzte Manufaktur, die noch „Lotusschuhe" hergestellt hatte, geschlossen wurde (Ko 2007:9). Mit diesem Ereignis – so schien es – war die über 1000 jährige Tradition[12] des Füßebindens[13] in China zu Ende gegangen.

Die wenigen noch lebenden „Beweise" dieses sino-zentrischen Brauchs sind weit über 90 Jahre alt und somit Relikte einer bizarren Körpermodifizierung im Imperialen China. Wie haben die Frauen diese Selbstverstümmelung seelisch und körperlich verkraftet und wie war es möglich, dass sie sich über 1000 Jahre an diese Tradition gehalten haben, diese sogar erst im späten 18. Jahrhundert ihren Höhepunkt erreichte? Durch sämtliche Gesellschaftsschichten zog sich diese Sitte – mit nur wenigen Ausnahmen von ethnischen Minderheiten oder gesellschaftlichen Gruppen, die sich dieser Konvention widersetzten. Ein ganzes Volk hat über Jahrhunderte hinweg seine Mädchen und Frauen einem Brauchtum ausgesetzt, deren körperliche Auswirkungen höchst fragwürdig sind – wobei zu berücksichtigen ist, dass der Vorgang des Bindens eine Domäne der Frauen war und immer blieb. Großmütter und Mütter haben sich ihrer Töchter und Enkelinnen angenommen und sie durch das zwei Jahre andauernde Martyrium des Füßebindens begleitet.

Zwar – so wird gerne kolportiert – hätte die Sitte der Lilienfüße allein den Männern gedient. Für die Umsetzung waren aber ausschließlich Frauen

---

11 Im Glossar finden sich die chinesischen Schriftzeichen zu Personennamen, Dynastien und Ortsnamen, sowie Informationen, Lebensdaten und einzelne Begriffe. Lediglich bei Erstnennung von Personen werden die chinesischen Schriftzeichen im Text wiedergeben.

12 Beginnt man mit den ersten Legenden und Mythen, die die gebundenen Füße beschreiben, so würde das einen Zeitraum von fast 3000 Jahren bedeuten. Mit der offiziellen Verbreitung in Imperial China (ab ca. 907 n. Chr.) bis zum ersten Verbot 1911 umfasst die Tradition 1004 Jahre.

13 Lilien- oder Lotusfuß, in der chinesischen Literatur auch mit „Goldener Lotus" (金莲 *jinlian*) und im Englischen mit "Golden Lilies" übersetzt, ist die Bezeichnung für den gebundenen Fuß. In Pinyin auch *chanzu* (缠足) auch *guozu* (裹足). Ich werde in dieser Arbeit der Einheitlichkeit wegen den Namen *Lilienfuß* benutzen.

verantwortlich. In der Literatur liest man deshalb auch häufig, dass die Füße gebunden wurden, um die Frauen ans Haus zu binden und ein Fortgehen zu erschweren. Aber haben wir es hier als Ursache für Verkrüppelung wirklich mit der Kontrolle des Mannes über das weibliche Geschlecht zu tun?

Phänomene dieser Art sind nicht nur in China zu finden. Überall auf der Welt verändern Frauen mit Hilfe von Frauen ihr körperliches Erscheinungsbild, um der Männerwelt zu gefallen und Prestige zu erlangen. Tradiert werden die „bizarren Bräuche" von Generation zu Generation von den Müttern an ihre Töchter: Giraffenhals-Frauen (Padaung[14]), Sakkudai-Frauen[15] und schließlich die Beschneidung vieler Mädchen in Afrika, um nur einige zu nennen.

Aus ethnologischer Sicht gelten solche Rituale als Ausdruck für die Unterdrückung der Frau in einer patriarchalisch-archaischen Gesellschaft. Der Blick richtet sich daher gerne in ferne abgelegene Länder, die für ihre Ursprünglichkeit, aber auch Rückständigkeit als klassisches Beispiel zur Erforschung traditioneller Gesellschaften gelten. Aber wie sieht es eigentlich in Europa aus? Hat die Zeit des Parfümierens, Perücketragens und Puderns, wie es in der Renaissance zur Zeit des Sonnenkönigs Ludwig des XIV. populär war, nicht vielleicht ähnliche Dimensionen gehabt?

In Europa diktierte der Hof die „Fashion", bisweilen auch den Fetisch und das Volk kopierte mit Vergnügen die Haut-Couture der Grand-Dames. Das Korsett als eine europäische Form der Körpermodellierung, bei dem der Frauenkörper in die Silhouette einer Wespe gepresst wurde, galt Jahrzehnte als vorherrschendes Schönheitsideal im Westen. 400 Jahre war das Korsett elementarer Bestandteil der guten Kleidung, von der Renaissance bis ins 20. Jahrhundert (Steele 2001:1). Üppig der Busen, rund das Gesäß, zart und schlank die Taille! Wie die kleinen Lilienfüße Yeh Shens, so wurde auch die Wespentaille weitläufig im Nachhinein als ein „Instrument der Folter" verstanden: ein Mittel zur Unterdrückung der Frau und Aus-

---

14 Die Padaung leben an der thailändisch-burmesischen Grenze. Die Frauen tragen Messingringe um den Hals, der optisch durch das Herabdrücken der Schlüsselbeine zur Verlängerung führt. Ab dem Kindesalter wird jährlich ein neuer Reif umgelegt. *Vgl. 2003 Robert Schmid/Fritz Trupp: Asien. Stämme Kulte Rituale. S. 145.*
15 Bei den Sakkudai (malaiisches Archipel) werden mit Hilfe von Schlagstock und Stemmeisen die Zähne   dreieckig zugespitzt *(ebd.: Robert Schmid/Fritz Trupp: Asien. Stämme Kulte Rituale. S. 268).*

beutung ihrer Sexualität. Nähert man sich diesem Phänomen, so werden Parallelen offensichtlich.

Dass körperliche Veränderungen zum Zwecke eines Idealbildes nicht nur in abgelegenen traditionellen Gesellschaften zu finden sind, wird durch die *etische*[16] Sichtweise des Betrachters oft vernachlässigt. Im Falle der gebundenen Füße ist eine *emische* Beobachtung leider nicht mehr möglich, da der Brauch mit Beginn des 20. Jahrhunderts nicht mehr praktiziert wurde. Allerdings lässt die Ähnlichkeit mit der Tradition der Beschneidung junger Mädchen (Female Genitale Mutilation[17]) in weiten Teilen Afrikas vermuten, dass es sich bei beim chinesischen Füßebinden nicht um die Erfüllung eines bestimmten Schönheitsideals handelt, sondern davon auszugehen ist, dass dieser Prozess einem Initiationsritus entspricht. Der weibliche Körper wird verformt, modelliert und verändert, um jeweiligen Traditionen zu entsprechen. Der in die kulturelle Sitte eingebettete Eingriff in den Körper verändert letzten Endes den Status der Mädchen innerhalb ihrer Gesellschaft.

Zahlreiche Komponenten, tief verwurzelt im chinesischen Wertesystem, ließen das Füßebinden zu einem sino-zentrischen Kult werden. Ethnische und kulturelle Identität sollten gestiftet, heiratspolitische Aspekte eingehalten und nicht zuletzt andere Schönheitsideale beachtet werden, welchen sich die Frauen bereitwillig beugten.

Im China des 18. und 19. Jahrhunderts, als das Füßebinden seinen Höhepunkt erreichte, hatte das Reich der Mitte vermehrt Kontakt mit der westlichen Welt und versuchte sich gegen den Kolonialismus zur Wehr zu setzen. Bis auf die Berichte von Missionaren und Anthropologen, die die Praxis des Füßebindens als fragwürdig bezeichneten, kam es aber in China zunächst zu keiner

---

16 *emisch* und *etisch* sind Begriffe aus der Ethnologie, eingeführt für die Untersuchung kulturellen Wissens. *Emisch* bedeutet mit den Augen eines „Insiders" und bezeichnet eine Beschreibung, die in erster Linie aus Sicht eines Teilnehmers der untersuchten Kultur richtig ist. Als *emisch* werden auch Merkmale oder Konzepte bezeichnet, die in der untersuchten Kultur eine besondere Bedeutung haben Während man von *etischen* Merkmalen spricht, wenn sie eine universelle Bedeutung haben und die Betrachtung die eines „Beobachters von außen" ist. Eine *etische* Beschreibung knüpft an das Wissen und Vokabular des Beobachters an. *Vgl. 1999 Reimer: Wörterbuch der Völkerkunde, S. 92.*

17 Bei der so genannten „Female Genitale Mutilation" handelt es sich um das vollständige oder teilweise Entfernen der weiblichen Genitalien (Klitoris, innere und äußere Labien).

13

öffentlichen Diffamierung dieses Brauchs. Erst mit Beginn des 20. Jahrhunderts unter der Fremdherrschaft der Mandschu[18] wurden Debatten öffentlich und es formierte sich schließlich die „Anti-Footbinding-Bewegung", welche die Lilienfüße verbannt sehen wollte. Innerhalb einer Generation wurde die Tradition aufgehoben und der „Fuß befreit". Bis zu diesem Zeitpunkt jedoch blieb der Lilienfuß ein unumstößliches Paradigma der chinesischen Gesellschaft und der Lebenswelt der Frau im Besonderen. Er war tief in der chinesischen Tradition verwurzelt und schlichtweg nicht wegzudenken.

Wenn wir uns die Geschichte Chinas in ihrer Zeitspanne von 4000 Jahren[19] vor Augen führen, ist es bedeutsam, sich zu vergegenwärtigen, dass die Tradition des gebundenen Fußes ein Viertel des gesamten Zeitraumes einnimmt und bis in die Gegenwart hinein praktiziert wurde (1949 letztes offizielles Verbot unter MAO ZEDONG 毛泽东 1893–1976). In Europa und der gesamten abendländischen Hemisphäre würde ein ähnliches Brauchtum sich bereits über die Hälfte der geschriebenen Geschichte erstrecken. Diese epochale Ausdehnung lässt erkennen, dass wir es bei jenem Phänomen nicht mit einem saisonalen „Trendsetting" zu tun haben, welches die Mode für den nächsten Sommer diktiert. Der viel verehrte Lotusfuß, dessen zauberhafte Hülle in Form von reichlich verzierten, vollendet bestickten Schühchen über Jahrhunderte zu entzücken wusste, barg unter den Bandagen oft Fäulnis, Schmerz und Verkrüppelung. Eines von zehn Mädchen starb an Wundbrand oder anderen Infektionen (Wang 2002:3). Nicht von ungefähr beschreibt ein Sprichwort das Füßebinden folgendermaßen (Jackson 1997:133/Wang 2002:3): *„Ein paar gebundener Lilien – ein Krug voll Tränen*[20]*"* (Gao 2007:120).

---

18 Als Fremdherrschaft wird hier die Herrschaft einer nicht chinesischen Ethnie über das chinesische Kaiserreich und über den kaiserlichen Thron verstanden. Die Mongolen galten als Fremdherrscher, weil sie den nicht sinisierten Völkern zugehörig waren und die Mandschus aus der Mandschurei stammend, waren ebenfalls keine Han-Chinesen und daher auch Fremdherrscher.

19 Gerechnet ab der ersten Dynastie: Xia 2100 v. Chr. Die vorhandenen Quellen lassen einen nahezu lückenlosen Ablauf der letzten 3000 Jahre chinesischer Geschichte zu. *Vgl. 2004 Guter, Josef: Lexikon zur chinesischen Geschichte, S. 147.*

20 *Vgl. Gao, Hong-Xing 2007, S. 68.* Im Original lautet die Übersetzung: *„Wie das berühmte Sprichwort „Ein paar gebundener Lilien – ein Krug voll Tränen" besagt: „Seit tausenden von Jahren, richteten gebundene Füße für unzählige, unschuldige Frauen, eine körperliche und seelische Zerstörung an".*

14

Um zu verstehen, wie sich dieser Kult über Jahrhunderte erhalten konnte – trotz unaussprechlicher Schmerzen, die Millionen von Frauen zu erdulden hatten – muss man sich vergegenwärtigen, dass es mehr als nur einer Erklärung bedarf. „Footbinding" symbolisierte verschiedenste Bereiche der chinesischen Kultur (Chao 2009:1).

3.1 Lilienfüße in Mythen und Legenden

Zahlreiche Legenden, Mythen und Geschichten ranken sich um die Entstehung der gebundenen Füße in China. Der wahre Ursprung ist noch bis heute ungeklärt und bis ins 20. Jahrhundert hat sich niemand der Entstehungsgeschichte des Füßebindens gewidmet (Wang 2002:29ff). Sicher ist, dass in der Song-Dynastie (10.-13. Jhd. n. Chr.[21]) die weite Verbreitung im Reich ihre Anfänge nahm (ebd.:29). Allerdings sind die ersten schriftlichen Erwähnungen auf die sich YAO LINGXI (姚灵犀), Literat und Anbeter des Lotusfußes, in seinem Werk „Cai Fei Lu" (菜菲禄)[22] bezieht, bis auf 2100 v. Chr. zurückzuführen. Hierbei handelt es sich aber mehr um eine konstruierte Geschichte der Tradition. Die Methode des Bindens wird zum selben Zeitpunkt erstmals beschrieben (ebd.:29). Die Legendenbildung beginnt ebenfalls zeitgleich. Der Gründer der Xia-Dynastie DA YU (大禹) heiratete eine Fee, einem Fuchs ähnlich mit schmalen, kleinen Füßen (ebd.:29). Der letzte Kaiser der Shang-Dynastie (18.-11. Jhd. v. Chr.), der König von ZHOU (商纣王), war ebenfalls „Opfer" einer fuchsartigen Elfe, die – vom Himmel entsendet, sein Königreich zu zerstören – sich in eine Schönheit verzauberte. Ihre „Pfoten" versuchte sie mit Binden zu kaschieren (ebd.:30). In der „Frühling- und Herbst-Periode" (722-481 v. Chr.) war es erneut eine wunderschöne Frau, XI SHI (西施), die ihrem Mann dabei half, das Königreich zu stürzen. Auch sie hatte kleine Füße (ebd.:30). QIN SHIHUANG (秦始皇帝), Gründer der feudalen Qin-Dynastie (221-206 v. Chr.) hegte eine Vorliebe für Frauen mit kleinen Füßen.

俗话说, "小脚一双, 眼泪一缸", 千百年来, 为了缠足, 使无数无辜女子身心受到摧残.

21 Die Dynastie-Epochen sind im Glossar mit chinesischen Zeichen und Daten aufgelistet.

22 *Cai Fei Lu*: im englischen Übersetzt mit „Records of Gathering Fragrance" (Wang Ping) oder „Picking Radishes" (Dorothy Ko). Beides ist eine Anspielung auf den Lotusfuß aus dem *Buch der Lieder(shi jing* 詩經 / 诗经*)*.

Die ersten Quellen bestätigen: Die meisten Geschichten und Mythen, die sich mit dem Ursprung der Lilienfüße beschäftigen, handeln von Kaisern, die ihre Konkubinen aufgrund ihrer kleinen Füße vergötterten. In der Han-Dynastie (202–220 n. Chr.) erhoffte sich CHENGDI (成帝), seine Impotenz unter anderem dadurch kurieren zu können, indem er nur oft genug die kleinen Lilienfüße seiner Konkubine ZHAO FEIYAN (趙飛燕) streichelte (ebd.:30). Erstmals, so scheint es, kommt hier der erotische Aspekt ins Spiel: Der Lotusfuß als Fetisch.

Was die Praxis des Füßebindens betrifft, so wird sie von einigen „Lilienfuß-Verehrern" gerne bis in die Han-Dynastie zurückdatiert (Hong 1998:22f). Das ist jedoch fraglich. Belegbar ist, dass sich das Schnüren und Binden der Füße erst im 10. Jahrhundert zwischen der Periode der „Fünf-Dynastien" (907–960 n. Chr.) und der frühen Song-Dynastie weitestgehend etabliert hatte. Aufschluss darüber geben die Aufzeichnungen des LI YÜ (李煜), des letzten Herrschers der Südlichen Tang-Dynastie (957–975 n. Chr.)[23]. Er ließ seine Lieblingskonkubine YAO NIANG[24] (窅娘) auf einer Bühne in Form einer goldenen Lotusblüte tanzen (ebd.:22). Ihre gebundenen Füße glichen hier allerdings eher denen einer Ballerina, die auf den Zehenspitzen tanzt (Ko 2002:35f). Es ist anzunehmen, so Dorothy Ko in ihrem Buch „Every Step a Lotus", dass es sich bei den Lilienfüßen ursprünglich um eine Tradition im Berufsstand der Künstler und Tänzer handelte (ebd.:35). Von dort aus verbreitete sie sich in die normalen Haushalte und wurde zur Mode (ebd.:35). Der Ursprung der Lilienfüße als modischer „Hingucker", so wäre anzunehmen, liegt also wohl im tänzerisch-künstlerischen Milieu. Hier wurde vermutlich versucht, dem poetischen Image der Füße durch visuelle Effekte beizukommen (ebd.:35). Wobei wir zu diesem Zeitpunkt noch weit entfernt sind von den verkrüppelten Drei-Zoll-Lilien, die erst ab dem 13. und 14. Jahrhundert populär wurden. Die Tang-Dynastie (618–907 n. Chr.), die auch als Renaissance oder goldenes Zeitalter der Poesie und des Tanzes in der chinesischen Geschichte bezeichnet wird, konnte die höfische Kultur erst gesellschaftsfähig machen (ebd.:36ff). Ab diesem Zeitpunkt traten die Lilienfüße ihren langen Siegeszug vom kaiserlichen Hofe in die

---

23 Die Südliche Tang-Dynastie fällt in die Zeit der „Zehn Reiche" (十国 *shi guo*) 920–979 n. Chr.
24 Siehe Abb. 1.

Gemächer der gehobenen Frauen und Mädchen in den Städten und Dörfern des großen chinesischen Reiches an. Während innerhalb der Tang-Dynastie das Füßebinden zu einer Modeerscheinung geworden, jedoch noch nicht im ganzen Land populär war, wurde es gegen Ende der Song-Dynastie zu einem Synonym für die Frau (Wang 2002:31). Bilder aus der Nördlichen Song-Zeit (960–1127) zeigen Frauen mit kleinen Füßen, ebenso Gemälde aus der Südlichen Song (12.-13. Jhd.). Die Verlagerung der Hauptstadt von *Kaifeng* (开封) nach *Hangzhou* (杭州) mag für die Verbreitung des Trends mitverantwortlich gewesen sein (ebd.:31). Die Mongolen der Yuan-Dynastie, die als Fremdherrscher folgten, hatten ebenfalls ein Faible für kleine Füße und trugen so maßgeblich zur Verbreitung der Tradition bei (Wang 2002:32). GAO schreibt: *„Die Literati der Yuan-Dynastie führten die Beschreibung, [und] den Lobgesang über Frauen mit gebundenen Füßen fort"*[25]. Am Ende ihrer Herrschaft waren normal gewachsene Füße zu etwas Unnatürlichem verkommen. Der Gründer der Ming-Dynastie ZHU YUANZHANG (朱元璋) pflegte Lilienfüße in der höheren Gesellschaftsschicht als elitäres Schönheitsideal der Damenwelt, welches der ärmeren Bevölkerung untersagt wurde[26]. Auf dem Zenit der Ming-Dynastie (14.-17. Jhd.) verbreitete sich der Brauch allerdings in ganz China. Gebundene Füße waren nicht nur schön, sie wurden auch zu einem Statussymbol für die Frau (ebd.:32). Gegen Ende der Ming-Herrschaft hatte sich der Brauch der Lilienfüße nicht nur „horizontal" im Reich der Mitte verbreitet, sondern auch „vertikal": Die Lilienfüße wurden nun innerhalb der Gesellschaft von oben nach unten tradiert, indem die Frauen aus den armen Bevölkerungsschichten dem Ideal der gehobenen Beamtenschicht folgten. *„Ein Grund für die Verbreitung*

---

25 *Vgl. Gao, Hong-Xing 2007 S. 126:*
元代文人继续着意描写, 歌咏妇女小脚 [...]...

26 *Vgl. Gao, Hong-Xing 2007 S. 121.* Im Original lautet die Übersetzung: *„Zhū Yuánzhang (1328–1398), der Gründer der Ming-Dynastie und der Regierungsperiode Taizu, befahl den Bettlerfamilien im Osten Zhejiangs: „Männer dürfen nicht studieren, Frauen dürfen ihre Füße nicht binden", so wurde der gebundene Fuß zu einem Zeichen für die soziale Klasse und den Status. Die, die es taten [das Binden] sind wertvoll [nobel], die, die es nicht tun sind niedrig. Solch eine Politik führte natürlicherweise zu einer Aspiration für Footbinding".*
明太祖朱元璋下令浙东丐户, "男不许读书, 女不许裹足", 缠足成了社会贵贱等级的标志, 缠者 贵, 不缠为贱, 自然就促使人们向往和追求。

und *Entwicklung des Brauchs der gebundenen Füße liegt darin, dass es von der „Upper Class" praktiziert wurde und von den Niederen nachgeahmt wurde"*[27], so GAO, HONG-XING (高洪兴). Von der Elite bis zum Mädchen auf dem Lande – alle akzeptierten die kleinen Füße als Symbol für weibliche Schönheit, Hierarchie und Moralität (ebd.:33). Form und Größe des Lotusfußes variierte stark innerhalb der verschiedenen Epochen und Dynastien, wobei man von einer kontinuierlichen Verkleinerung ausgehen kann. Innerhalb der Song-Zeit waren noch vier *„cun"* (寸)die Maßgabe – ca. 12 cm. Während der Ming-Dynastie strebten die Frauen bereits *„san cun"* (三寸) an (ebd.:33). Es lässt sich behaupten, dass mit jeder Dynastie die Füße der chinesischen Frauen kleiner, schmaler und ge(ver)bogener wurden, auch wenn regionale Abweichungen berücksichtigt werden müssen (ebd.:34). Den Frauen der südlichen Provinzen sagte man nach, sie hätten mehrheitlich die perfektesten Lilienfüße, während in *Guangdong* (广东), vermutlich aufgrund der vertretenen Minoritäten wie Hakka (客家话 Kèjiāhuà) und Tanka (疍家 Dànjiā)[28], viele Frauen ihre Füße nicht so extrem einschnürten und teilweise gar nicht banden (ebd.:34).

3.2 Identitätsstiftung der Han-Bevölkerung

Die Verbreitung der Lilienfüße stieß besonders bei der Han-Bevölkerung[29] auf fruchtbaren Boden. Im Laufe der Jahrhunderte hatte sich das Füßebinden unter ihnen besonders etabliert (Bayrischer Rundfunk, 23.07.2007[30]). Besonders während Zeiten der Fremdherrschaft, so auch während der Yuan-Dynastie (13.-14. Jhd.) und der Qing-Dynastie (17.-20. Jhd.), deren Herrscher den Barbaren am Rande der chinesischen Peripherie zugeschrieben wurden, erstarkte der Brauch innerhalb der chinesisch-stämmigen

---

27 *Vgl. Gao, Hong-Xing 2007, S. 120:*
　 妇女缠足风俗的蔓延发展，原因之一就在于上行下效.
28 Als Tanka versteht man die Angehörigen der „Boatpeople" in Guangdong, die vornehmlich auf Booten leben und arbeiten.
29 Als Han-Chinesen bezeichnet sich die Titularnation Chinas. Sie bezieht sich zurück auf die Han Dynastie. Es sind weniger ethnische Merkmale, vielmehr die kulturelle Zugehörigkeit die einen Chinesen zum Han-Chinesen machen. *Vgl. 2004 Guter, Josef: Lexikon zur chinesischen Geschichte, S. 178.*
30 Online abrufbar unter *http://www.br-online.de/wissen-bildung/collegeradio/ medien/geschichte/lotus/.*

Bevölkerung (Chao 2009:5f). Der zarte gebundene Fuß der chinesischen Frau in seinen elegant bestickten Schuhen bot einen fabelhaften Kontrast zu den großen, klobigen Füßen der „barbarischen" Frauen (ebd.:5). Er symbolisierte die Haltung der Chinesen gegen ihren Fremdherrscher: Chinesische Eleganz gegen barbarische Verderbtheit. Eleganz spielte eine wichtige Rolle in der chinesischen Gesellschaft. Traditionelle Teezeremonie, chinesisches Porzellan und feine Seidenstoffe kontrastierten seit jeher mit der Grobheit des „Barbarentums".

Obwohl es für ländliche Familien einen ungeheuren finanziellen Aufwand darstellte, seinem Mädchen die Füße zu binden – denn es bedeutete, dass eine ganze Arbeitskraft auf dem Felde nicht mehr zur Verfügung stand –, wurde auf dem Land mit der gleichen Intensität gebunden wie in der Stadt. (ebd.:61). Trotzdem gab es auch Frauen in China, die ihre Füße nicht gebunden haben aufgrund ethnischer Zugehörigkeit oder Klassenbarrieren (Ko 2002:12). Angehörige der Hakka, obwohl ethnisch zu den Han (汉人 Hànrén) gehörend, entwickelten eigene Sitten und Bräuche und banden sich nicht die Füße (ebd.:15). Auch Angehörige der Mongolen (蒙古人 měng gǔrén), Tibeter (西藏人 xī zàngrén) und Hmong (Miao) haben sich der Tradition widersetzt (Levy 1993:53f). Muslimische Minderheiten verweigerten sich ebenfalls dem Füßebinden (ebd.:53). Wenn dennoch innerhalb dieser Volksgruppen die eine oder andere Form der Lilienfüße praktiziert wurde, dann allenfalls, um eine „Chineseness" zu imitieren (ebd.:53).

Weil in unterprivilegierten Klassen Männern das Lesen und Schreiben und Frauen das Füßebinden untersagt wurde, blieb der Lotusfuß lange Zeit eine Praxis der gehobenen Gesellschaftsschicht (Ko 2002:12). Erst später bekamen Mädchen aus niedrigeren Gesellschaftsschichten erstmals die Möglichkeit, sich durch kleine Füße in der Hierarchie „nach oben zu heiraten". Da ein perfekter Lotusfuß die Männer verzückte und in hellste Aufregung versetzte, waren die Chancen unabhängig von Stand und Herkunft, mit perfektem Lotus einen hohen Beamten oder Staatsdiener heiraten zu können, durchaus höher[31]. Man bekannte sich zu den Traditionen der Han, die die

---

31 *Vgl. Gao, Hong-Xing 2007, S. 116.* Im Original lautet die Übersetzung: *„Ein paar gebundener Füße ist von gleichsam wichtiger Bedeutung wie die Hochzeitsangelegenheiten einer Frau".*
一双小脚的缠就对手女子的婚姻关系重大.

vorherrschende Gruppe im Reich der Mitte darstellte. Erst die Mandschu-Herrscher der letzten Dynastie, ebenfalls einer ethnischen Minderheit angehörend, sprachen sich massiv gegen die Tradition der Lilienfüße aus. Jedoch gerade das Verbot und die Verbannung durch die Fremdherrscher führten dazu, den Brauch unter der Han-Bevölkerung und Gegnern der Mandschu-Herrschaft gleichsam als eine Form des Widerstands erneut aufblühen zu lassen (Ko 2002:12). Den Männern wurde als symbolisches Zeichen der Unterwerfung die Haartracht vorgeschrieben: der Chinesenzopf (Guter 2004:95). Das Rasieren des vorderen Schädels entsprach einem Angriff auf die männliche kulturelle Tradition (Chao 2009:6). Mit den gebundenen Füßen konnten die Frauen ihrerseits die kulturelle Überlegenheit gegenüber der Unterdrückung der Han-Männer zum Ausdruck bringen. Die Eleganz der Lotusschuhe unterstrich diese Haltung noch und signalisierte den Mandschus, dass die Han sich als wesentlich kulturvoller verstanden (ebd.:6). Die spätere Ablehnung und Degradierung chinesischer Frauen durch die Fremdherrscher war eine eindeutige Reaktion darauf. Das Bekenntnis zum Lotusfuß diente also durchaus einem Zugehörigkeitsgefühl zu einer bestimmten Gruppe und gleichzeitig gab es den Betreffenden die Möglichkeit der Abgrenzung gegenüber anderen. Eine Frau, die ihre Füße gebunden hatte und diese Tradition an ihre Tochter weitergab, bot ihr damit die Möglichkeit, Teil der Gesellschaft zu werden und nicht Gefahr zu laufen, von dieser ausgegrenzt zu werden. Die Scham, die junge Mädchen überkam, wenn ihre Füße als nicht klein genug eingestuft wurden, verdeutlicht die Sorge einer gesellschaftlichen Ablehnung sehr gut (Wang 2002:20f). Der Druck, der auf jungen Chinesinnen lastete, sich durch schlecht gebundene Füße der Lächerlichkeit preiszugeben oder aufgrund von mangelnder Disziplin missratene Lilienfüße zu haben, muss enorm gewesen sein (ebd.:20). Diese Angst war größer als jene vor den Mandschus, die während ihrer Herrschaft versuchten, der Tradition ein Ende zu setzen. Junge Han-Chinesinnen und ihre Familien fürchteten also eher ihre Ausgrenzung aus der breiten Bevölkerung als die Strafen und Sanktionen des Kaiserhauses. Wenn die Mädchen erst einmal die Wichtigkeit des Ritus' erkannt hatten, durchlitten sie die Schmerzen heroisch wie kleine Prinzessinnen, nur um kein Opfer öffentlicher

Diffamierung zu werden. Als Han-Chinesin band man sich die Füße – diese Tradition wurde nicht in Frage gestellt[32].

Gegen Ende des 19. Jahrhunderts, als der Lotusfuß stark in Verruf geraten war und der Brauch der Han von Staatsseite angegriffen wurde, zeigte auch die öffentliche Bekanntgabe der Kaiserinwitwe CIXI (慈禧 1835–1908) 1898, dass ein Dazugehören zur aufgeschlossenen, modernen, westlichen Welt nicht vertretbar war mit dem körperlich „barbarischen Brauch" der gebundenen Füße: „Die Ausländer lachen über Sitten und Bräuche der Chinesen und besonders über die Lilienfüße" (Jackson 1997:147). Ob mit gebundenen oder ungebundenen Füßen, gleich zu welchem Lager sich eine Frau in China bekannte: Sie bezog damit offiziell Position und stieß so auf Akzeptanz oder Ablehnung, machte sich Freunde oder Feinde.

3.3 Der schwierige Abschied von einer alten Tradition: Die „Anti-Footbinding-Bewegung"

Der Höhepunkt und gleichzeitige Wendepunkt in der Geschichte des Lilienfußes liegt in der Qing-Dynastie. Ein Brauch, der sich über Jahrhunderte, über mehrere Dynastien hinweg etabliert hatte, fand sein abruptes Ende 1911 mit dem Ende der Kaiserzeit. Unumstritten ist, dass die Mandschus das Füßebinden ächteten und bereits zu Beginn ihrer Amtszeit verboten, weil sie versuchten, die Han-Bevölkerung an ihre Kultur zu assimilieren (Wang 2002:35). Die meisten Versuche, gegen das Füßebinden anzugehen, verliefen aber vorerst im Sande (Levy 1993:66). Von den Mandschus als Zeichen der Rückständigkeit interpretiert, zählte das Füßebinden zu einem Einflussbereich, in den einzudringen nur schwer möglich war. Das lag daran, dass die Frau zu diesem Zeitpunkt zwar als ungebildetes, aber zu beschützendes Wesen galt, das stark in den chinesischen Familienalltag integriert war und deshalb in der Öffentlichkeit nur selten als Entscheidungsträgerin auftrat (ebd.:66). Die chinesische Frau der Qing-Dynastie, primär mit den Aufgaben der Familie und Hausarbeit beschäftigt, galt schwer erreichbar in punkto politischer Erziehung. Das Herrscherhaus konnte nur bedingt Einfluss auf sie nehmen. Die Mandschus versuchten daraufhin dem Massenphänomen gebundener Füße mit deutlicher Missachtung entgegenzutreten. Ihren

---

32 Siehe Abb. 2.

eigenen Töchtern verboten sie strikt das Binden der Füße und behandelten die Han-Frauen mit Lilienfüßen als Menschen zweiter Klasse, die nur als „Dienerinnen" tauglich sind (ebd.:66). Erste Dekrete wurden schon 1645 und 1664 zu Beginn der Amtszeit der Qing-Herrscher erlassen. Strafen für jene Eltern, die ihren Töchtern die Füße banden, wie der „Kang[33]" (木枷) und das Auspeitschen, sollten abschrecken. Auch wurden Frauen mit kleinen Füßen vom kaiserlichen Harem verbannt (ebd.:66). Sämtliche Versuche der Qing-Kaiser, das Füßebinden zu verbieten, schlugen jedoch fehl. Im Gegenteil, der gesellschaftliche „Mainstream" übte einen derartigen Druck auf die Fremdherrscher aus, so dass die Damen der Mandschu sich paradoxerweise genötigt fühlten, dem allgemeinen Schönheitsideal nachzueifern. Dies geschah, indem sie sich eine bestimmte Form der Absätze unter ihre Füße hefteten[34]. Der optische Eindruck vermochte nun einen kleinen Fuß vorzutäuschen (ebd.:67). Entscheidend für das Scheitern ihrer Bemühungen, den Lotusfuß zu verbannen, war vermutlich der Grund, dass sich das Frauenbild innerhalb der Regierungszeit der Qing nicht derart geändert hatte, dass man von einer Liberalisierung der Frau hätte sprechen können (ebd.:66). Dieses Umdenken hätte es einfacher gemacht, auch eine Liberalisierung beim Thema der Füße zu erwirken. China blieb aber weiterhin eine Gesellschaft, die von Männern und ihrem die Frau betreffenden Wunschdenken geprägt und dominiert wurde. Für die Han-Bevölkerung mag dies mitunter von entscheidendem Ausschlag gewesen sein, sich nicht von den begehrenswerten Lotusfüßen zu verabschieden. Eine sukzessive Änderung der öffentlichen Meinung trat erst unter der Herrschaft Kaiser QIANGLONGs (乾隆 1736–1795) ein (ebd.:68/Wang 2002:35). Zu diesem Zeitpunkt erhielt die Mandschu-Regierung vermehrt Unterstützung durch liberale Schriftsteller, Poeten und Gelehrte, die sich öffentlich gegen die Tradition der gebundenen Füße aussprachen (letzt. ebd.:35). Entscheidend war das Gedicht einer Konkubine mit natürlichen Füßen, die gebeten wurde, sich lyrisch zu den Lilienfüßen zu

---

33 Der „Kang" (*mu jia*), eingedeutscht aus dem Englischen „cangue", war eine typische Strafe im imperialen China, vergleichbar dem Pranger im Mittelalter. Nur das man den „Kang" als Rechteck aus Holz um den Hals trug und sich damit noch fortbewegen konnte. *Vgl. 1910 Buschan, Georg: Die Sitten der Völke,* S. 419. Siehe Abb. 3.
34 Siehe Abb. 4.

äußern. Sie verfasste folgende Zeilen: „*Ich weiß nicht, wann dieser Brauch begann, es muss sich wohl erdacht haben ein jämmerlicher Mann*"[35]. Dieser Vorgang führte dazu, dass sich einige Intellektuelle über die Nachteile des Füßebindens einen schriftlichen Diskurs lieferten, der in Form von Essays publiziert wurde und die öffentliche Diskussion anregte (ebd.:35). Weitere Edikte gegen die Tradition der gebundenen Füße folgten und mit Beginn des 19. Jahrhunderts wurde das Phänomen „Lilienfuß" nicht mehr rein modisch oder aus einem han-chinesischen Brauch heraus betrachtet, sondern man behandelte das Thema wie eine Staatsaffäre. Je mehr sich die Herrscher auf das Verbannen der gebundenen Füße fokussierten, desto mehr wuchs die Akzeptanz für Lilienfüße im Verborgenen.

Mit dem Einfluss westlicher Missionare und Händler sowie Diplomaten in den 1840er Jahren und dem wachsenden Interesse der Chinesen an ausländischen Bräuchen begann man die Lilienfüße als einen rückständigen Brauch zu betrachten, mitverantwortlich für den sukzessiven Zusammenbruch des großen chinesischen Reiches (Pao Tao 1994:142). Mit dem politischen Umbruch[36] in China zu Beginn des 20. Jahrhunderts entstand die erste offizielle „Anti-Footbinding-Bewegung" in China. Unterstützung fand diese Bewegung besonders während der Reform von 1898. Das Vorhaben wurde unter anderem von den chinesischen Intellektuellen KANG YOUWEI (康有为 1858–1927) und LIANG QICHAO (梁启超 1873–1929) vorangetrieben. Beide nahmen dieses Thema in ihren Reformvorschlägen zur Modernisierung Chinas auf (Wang 2002:36f). Argumentiert wurde neben den schädlichen gesundheitlichen Auswirkungen unter anderem damit, dass die gebundenen Füße schuld an den dynastischen Krisen gewesen sein sollen (Pao Tao 1994:143f). So soll die nachfolgende Dynastie den Brauch der vorherrschenden Dynastie unbewusst übernommen haben, obwohl vielleicht ihre Frauen die Füße ursprünglich nicht gebunden hatten. Auf diese Weise wurde der Brauch von Dynastie zu Dynastie tradiert (ebd.:143). Damit lag ihr schlagendes Argument bei der Gleichheit der Frau. Beide wollten eine Emanzipierung

---

35 Deutsche Übersetzung von mir, der englische Texte lautet: *I don't know when this custom began, it must have been invented by a despicable man*". Das Originalzitat in Chinesisch konnte ich nicht finden.

36 Gemeint ist hier konkret die Phase des Umbruchs: Ende der Kaiserzeit (1900–1911).

der Frauen erwirken, während China auf dem Weg von der Rückständigkeit zur Modernisierung war. Das Füßebinden wurde politisiert und auf dieser Ebene diskutiert, erneut symbolisierte es die Bereitschaft der Frau zu leiden und wurde gleichermaßen für den Zerfall Chinas verantwortlich gemacht (Wang 2002:37). Die Stimmen KANGs und LIANGs trafen bei der Bevölkerung auf fruchtbaren Boden. Überall schlossen sich Anhänger dieser neuen Bewegung zusammen und gründeten so genannte „Natural Foot Societies" (Hong 1998:65). Missionare unterstützten die Reformbewegung. Obgleich es nicht auf der Tagesordnung der offiziellen Kirchenpolitik in China stand, war man sich letztlich einig darüber, dass Lilienfüße „unchristlich" seien (Pao Tao 1994:149). So versuchte man wenigstens die Konvertiten in ihrem Schwanken zwischen Tradition und Moderne zu unterstützen, indem man ihnen erklärte, dass dieser Brauch gegen die Bibel verstoße. Mit den Missionaren interessierten sich auch andere Gruppen für die Abschaffung dieses fragwürdigen kulturellen „Überbleibsels": Diplomaten, Juristen, Frauen und Ärzte unterstützten die Reformbewegung zur Abschaffung der Lilienfüße. So wurde in Shanghai die erste „Natural Foot Society" von der Frau eines britischen Unternehmers, ALICIA LITTLE, gegründet. Unterstützung erfuhren diese Gesellschaften durch Ausländerinnen westlicher Herkunft, die in China lebten. Sie machten sich stark für die Befreiung der Frau und ihrer Füße aus dem chinesischen Patriarchat (Wang 2002:38). LITTLEs Anliegen und das ihrer Anhängerinnen war es, die Frauen davon zu überzeugen ihre Füße von den Binden zu befreien und somit stärker und widerstandsfähiger für die Anforderungen, ihrer im Umbruch befindlichen Gesellschaft zu werden. Der Einfluss westlicher Missionare und erster „Expats"[37] (ausländische Fachleute) auf die Bewegung ist von großer Bedeutung für den finalen Erfolg zur Abschaffung der gebundenen Füße, auch wenn der Anstoß für die Bewegung aus den eigenen Reihen kam. Schließlich waren es chinesische Intellektuelle, die schon früh den Nährboden für die „Anti-Footbinding-Bewegung" gelegt hatten, welche mit den zahlreichen „Natural-Foot-Societies", die in den großen Städten entstanden waren, ihren Höhepunkt erreichte. Es war eine Bewegung die sämtliche Gesellschaftsschichten und sozialen Klassen tangierte.

---

37 Expatriates, kurz „Expats" sind Fachkräfte, die über einen Zeitraum von 1–3 Jahren von ihrem international tätigen Unternehmen an eine sich im Ausland befindende Zweigstelle gesandt werden.

Schließlich band sich die Han-Frau unabhängig von Status und Stand ihre Füße; die Beamtengattin genauso wie die Frau eines einfachen Kulis.

Diese Gesellschaften prägten auch den antagonistischen Begriff „*tianzu*" (天足) für natürliche Füße (Ko 2007:18f). „*Chanzu*" (缠足), der gebundene Fuß, und „*tianzu*", der befreite Fuß, waren fortan Anlass heftigster Debatten. Was in intellektuellen Kreisen in den Städten begann, wurde zu einer Massenbewegung, die sich schnell verbreitete. Der Widerstand gegen die neue Form der Propaganda wuchs allerdings auch in den ländlichen Gebieten (ebd.:18).

Ebenso wurden ökonomische Argumente herangezogen: Die Millionen von Frauen mit gebundenen Füßen stellten einen nicht zu unterschätzenden Mangel an Arbeitskräften dar (ebd.:39). Unnötig, zu verdeutlichen, welche Produktivität China auf seinem Weg zur Moderne würde erreichen können, wenn alle Frauen für körperliche Arbeit zur Verfügung stünden!

Bestehende Allianzen von Mitgliedern der „Tianzu-Gesellschaften", Missionaren und liberalen Befürwortern traten mit Petitionen zur Abschaffung des gebundenen Fußes bereits Ende des 19. Jahrhunderts an den kaiserlichen Hof heran. Damals erhielten die Mandschus offizielle Hilfe aus der Bevölkerung. Ab dem 20. Jahrhundert erfolgte die Mobilisierung der Massen mittels zielgerichteter Propagandaarbeit in der Bevölkerung. Öffentliche Bekanntmachungen, Plakate, Publikationen in Zeitungen und Besuche in Schulen waren Mittel der „Anti-Footbinding-Bewegung", um ihr Ziel weiterzuverfolgen und so viele Frauen und Mädchen wie möglich zu erreichen (Wang 2002:38f). Später zogen sogar Anti-Footbinding-Anhänger hinaus aufs Land und kämpften für ihre Sache.

Die Anhänger der „Anti-Footbinding-Bewegung" fanden zahlreiche Gründe, gegen den Brauch vorzugehen:

1. ein neues Schönheitsideal wurde postuliert – kein Hinken mehr und keine verkrüppelten, an Hufe erinnernde Füße.
2. die Problematik einer gestörten Mutter-Tochter-Beziehung wurde psychologisch aufgearbeitet. Dieser Punkt ist deshalb von großer Bedeutung, weil es, wie wir bereits erfahren haben, die Mutter war, die ihre Tochter diesem grausamen Ritual unterzog. Ein chinesisches Sprichwort lautet nicht von ungefähr: „*téng nu bu téng zu*" (疼女不疼足). „*Eine Mutter, die ihre Tochter liebt, wird keine Empfindlichkeit gegenüber dem Fuß*

walten lassen[38]" oder aber kurz gesagt: „*Die Tochter lieben, die [ihre] Füße hassen*".

3. Kataloge, die Gründe für und gegen Lilienfüße aufzeigten, dienten dazu, die Frauen von natürlich gewachsenen Füßen zu überzeugen (Pao Tao 1994:145). Pamphlete mit diesen Kernaussagen wurden publiziert und für jeden ersichtlich öffentlich angebracht. Schließlich wurde auch mit dem Konfuzianismus als Gegner dieses „barbarischen Brauchs" argumentiert: Als Mensch, der alles verdammte, was falsch und unnatürlich war, hätte der große Meister Kung (孔子 551-479 v. Chr.) sich gegen Lilienfüße ausgesprochen. Untermauert wurde dieses Argument mit dem Hinweis, dass Konfuzius, den Körper, die Haare und die Haut als etwas von den Eltern gegebenes betrachtete, was nicht zerstört werden dürfe – dies widerspräche der kindlichen Pietät (ebd.:156/164).

Ein weiteres Argument mag mitunter auch der militärisch-defensive Aspekt gewesen sein. In Krisenzeiten oder kriegerischen Auseinandersetzungen könnten Frauen auf verkrüppelten Füßen nur schwer vor dem Feind fliehen, sie blieben als erste Gefangene für die Feinde zurück und würden somit auch erste Opfer feindlicher Überfälle oder Gräueltaten an der Zivilgesellschaft (ebd.:164).

Die „Anti-Footbinding-Societies" legten ihren Angriffspunkt aber hauptsächlich auf die soziale Ebene: den heiratspolitischen Aspekt. War bisher die Größe der Füße ausschlaggebend für eine „gute Partie" der Tochter, so fungierten die neuen Gesellschaften als Heiratsmärkte, wo Familien nun ihre Söhne an Frauen mit natürlichen Füßen „verkuppeln" konnten (ebd.:167ff)). Bisher hatten diese Mädchen nämlich „erdenklich schlechte Karten" einen Mann zu finden. Doch nun stieg ihr Kurs rapide an. Keiner wollte mehr eine trippelnde, zum Humpeln verurteilte Ehefrau oder Schwiegertochter. Unter anderem standen diese „AFS-Gesellschaften" auch in beratender Funktion zur Seite. Sie waren Anlaufstelle für Frauen und Mädchen, die ihre Füße nicht mehr binden oder sie wieder „entbinden" wollten (Wang 2002:38ff). Ein Prozess, der nichts mit dem einfachen Aufwickeln der Bandagen zu

---

38 Eigene Übersetzung.
 Siehe auch Wang Ping *"Aching for Beauty: Footbinding in China"* 2007.

tun hat, denn die über Jahre hinweg gestörte Blutzirkulation oder gar das abgestorbene Gewebe mussten behutsam und aufwändig behandelt werden. Bis 1927 lag der Fokus auf dem sukzessiven „Befreien" des Fußes aus seinen Wickeln. Die Regierung unter SUN YATSEN (孙逸仙 1870–1925) verbot erneut die Praxis des Füßebindens, dennoch lebte dieser Brauch in der ländlichen Bevölkerung weiter (Pao Tao.:172f). Während die Frauen der nationalen Minderheiten ihre Füße schon immer ungebunden hatten und die neue Praxis ohne Probleme annahmen, war der Erfolg unter der Han-Bevölkerung eher enttäuschend. Dies war erneut ein Indikator dafür, dass Lilienfüße mit nationaler und kultureller Identität gleichgesetzt wurden. Lilienfüße waren mehrere hundert Jahre lang kulturstiftendes Merkmal der Han-Chinesen. Trotz dieser Schwierigkeiten, konnte die „Anti-Footbinding-Bewegung" erst ab 1902 nach dem Boxer-Protokoll[39] kontinuierliche Erfolge verzeichnen und schließlich mit Hilfe inländischer und ausländischer Anhänger zur endgültigen Abschaffung dieses sino-zentrischen Brauchs beitragen. Die Art der Kritik an Lilienfüßen war zwar konstruktiver Natur, die Umsetzung erfolgte jedoch mit eher destruktiven Mitteln. Die Inhalte der „Anti-Footbinding-Bewegung" signalisierten und versprachen die offensichtlichen Vorteile freier Füße: Keine Einschränkungen in der Bewegungsfreiheit, ein schmerzfreies Leben und das Recht auf Selbstbestimmung der Frau (Levy 1993:74). Ihre Vertreterinnen waren eine neue Generation von Frauen: Ausgebildet in Missionars-Schulen, im liberalen Denken geschult und fest entschlossen, sich und damit China zu reformieren, zu modernisieren und zu liberalisieren (Wang 2002:41f). Von ihnen angegriffen und missachtet wurden nun die Frauen des „alten feudalen Kaiserreichs". Sie waren Sinnbild der ungebildeten, zerbrechlichen, konservativen und ihres freien Willens beraubten Frau des imperialen China. Eine klare Einteilung in „fortschrittlich" und „zurückgeblieben" machte die Frauen faktisch zu

---

39 Das Boxer-Protokoll vom September 1901 forderte eine hohe Entschädigungssumme an die Europäer. Als Garantie für die Zahlung der besiegten Boxer wurden im gleichen Zuge die Kontrolle über die Seezölle und die Salzsteuern Chinas an die Alliierten übertragen.
Vgl. Guter 2004: Lexikon zu Geschichte Chinas, S. 44 und *Staiger 2008: Das große China Lexikon, S. 115.*

„gut" und „schlecht". Dementsprechend wurde die Propaganda[40] geführt. Wieder wurde die Frau zum Opfer, nun aber von ihresgleichen. Eine gezielte Isolierung und Ausgrenzung der an den alten Traditionen festhaltenden Frauen führte innerhalb kurzer Zeit zu deren Diskriminierung. Was ursprünglich ein Identitätsmerkmal für Han-Chinesen gegenüber dem Rest der Welt war, wurde nun verpönt, diffamiert und verbannt. Begehren schlug um in Ablehnung. Die Frauen sahen sich massenhaft Gegnern gegenüber, die über ihre Füße, aber auch über ihre Werte lachten. Öffentliche Anprangerung, Schikanierung oder die Entblößung der Lilienfüße vor Publikum sind nur einige Beispiele[41]. Für die Betroffenen war die Befreiung der Füße genauso schmerzlich wie das Einschnüren selbst, sie mussten erneut für ihre Akzeptanz in der Bevölkerung kämpfen. War ihr Status einst unangefochten, so wurde ihre soziale Stellung nun massiv hinterfragt und sie wurden ihrer Würde beraubt. Anhänger oder Liebhaber der Lilienfüße, insbesondere die Männer, sorgten sich um den mit dem Untergang der Lilienfüße vermeintlich drohenden Kulturverlust.

---

40 Lateinisch von *propagare*: heißt ursprünglich „verbreiten, ausdehnen, fortpflanzen". Schon sehr früh ins Deutsche entlehnt.
41 Siehe Abb. 5.

4. Weibliche Schönheitsideale im Wandel der Zeit

Im 19. Jahrhundert wurde immer wieder versucht einen Vergleich zwischen dem europäischen Phänomen der „Wespentaille" und dem Füßebinden der Chinesen zu ziehen (Kunzle 1998:4). Erstaunlicherweise führten diese Vergleiche immer wieder zur Legitimierung des Korsetts als einem besonderen Utensil zur Erlangung der vollkommenen weiblichen Schönheit, während man bei den chinesischen Lilienfüßen grundsätzlich von einer zu verteufelnden Abart ausging, die keinerlei Berechtigung hätte (ebd.:4). Beide Bräuche bieten gemeinsame Anhaltspunkte für einen Vergleich. In erster Linie fällt die jeweilige körperliche Deformation durch das Einschnüren der Taille oder des Fußes auf. Dennoch lassen sich offensichtlich Unterschiede erkennen. Der kulturelle Brauch der Chinesinnen unterscheidet sich im Rückblick durchaus schon durch seine Abneigung, die wir heute gegen ihn haben. Eine solche Ablehnung erfährt die Geschichte des Korsetts nur phasenweise, aber nie konstant. Denken wir nur an SCARLETT O´HARA aus „Vom Winde verweht", die sich nach der Geburt ihrer Kinder in ihr Korsett schnüren lässt und feststellt, dass die Schwangerschaften sie die Taille gekostet haben. Sie wird immer noch von den meisten Frauen bewundert, nicht nur weil sie als emanzipierte Frau ihr Leben meistert, sondern auch, weil sie ein ganz bestimmtes Schönheitsideal verkörpert – früher wie heute.

Ein weiterer entscheidender Unterschied liegt darin, dass das Füßebinden ausschließlich bei Frauen bzw. Mädchen und schon im Kindesalter angewendet wurde. Diese Universalität findet sich nicht beim Korsett, das Tragen eines Korsetts war zwar auch in verschiedenen Formen in unterschiedlichen Gesellschaftsschichten durchaus üblich, aber Korsetts wurden von Kindern nur in einer sehr abgeschwächten Form getragen und meist aus orthopädischen Gründen, um eventuellen Haltungsschäden vorzubeugen (Kunzle 1998:4). Sie dienten also in erster Linie dazu, den kindlichen Körper zu stärken, aufrecht zu halten und nicht einzuengen oder gar zu deformieren. Außerdem wurden Korsetts vereinzelt auch von Männern getragen. Diese Mode war besonders im Militär verbreitet und wurde später auch von Männern höherer Gesellschaftsklassen übernommen.

Interessant für mich sind die Gemeinsamkeiten beider Bräuche, beispielsweise die Zeitspanne des Auftretens ihrer Phänomene. Auch wenn das Füßebinden mit knapp 1000 Jahren mehr als doppelt so lange anhielt und beide
Sitten mehr oder weniger gleichzeitig zu Beginn des 20. Jahrhunderts auf
ihrem Höhepunkt an Bedeutung verloren und geradezu verteufelt wurden,
so mag jener Umstand daran liegen, dass die jeweiligen Antriebskräfte und
Kampagnen zur Abschaffung dieser Kulte in gegenseitigem Austausch miteinander standen und sich durchaus positiv beeinflussten. Auch der Zwang
der Frauen, sich diesen beiden Idealen zu unterwerfen war nahezu gleich
stark vorhanden. So gab es im Westen fast keine Frau, die nicht wenigstens
ein bisschen darauf achtete, eine zierliche Taille zu haben, nicht jede eiferte
einem Umfang von 45 Zentimetern nach, genauso wenig, wie jede Chinesin
einen „3-Zoll" Lotus erreichte. Aber der Umstand, dass ein Widersetzen
dieser Mode eine gewisse Form der Ausgrenzung zur Folge hatte, ist in
beiden kulturellen Phänomenen zu finden. Härter allerdings als das Urteil
der Männer mag immer noch der Blick der konkurrierenden „Weibchen"
gewesen sein. Es mag der psychische Druck gewesen sein, den Frauen auf
Frauen ausübten, der den entscheidenden Ausschlag gab, dass sowohl Lilienfüße als auch Wespentaille ad absurdum geführt wurden.

4.1 Ein Kulturvergleich: die Wespentaille

Wie die Lotusschuhe in China, so stellte das Korsett lange Zeit das wohl
kontroverseste Kleidungsstück in der gesamten abendländischen Mode dar.
Vom 16. bis 20. Jahrhundert wurde es von Millionen von Frauen in Europa
getragen und war essentieller Bestandteil ihrer Garderobe (Steele 2001:1ff).
Auch die offensichtlich schädlichen Auswirkungen des so genannten „Tight-
lacing"[42], bei der ein Taillenumfang von weniger als 18 inches[43] angestrebt
wurde, in dessen Folge es zu Organquetschungen und Rippenbrüchen[44]
kommen konnte, erinnern sehr an die Torturen der Chinesinnen und der
Verformung ihrer unteren Extremität bei der Zielvorgabe von „Drei-Zoll-
Füßen". Die „Risiken und Nebenwirkungen" dieses sonderbaren Brauchs

---

42 „Tight-lacing" ist ein stehender Begriff für das extreme Schnüren der Taille,
    wörtlich „festgeschnürt".
43 18 inches entsprechen 18 Zoll (à 2,54 cm), also 45,72 cm.
44 Siehe Abb. 6.

führten allerdings letzten Endes auch zu seinem Ende. Es waren aber nicht ausschließlich die negativen körperlichen Folgen und das Auftreten immer extremerer Formen, die zur Abschaffung führte. Die Einstellung zum eigenen Körper veränderte sich gleichermaßen mit der Emanzipierung der Frau (ebd.:1).

Der Ursprung des Korsetts, so wird gerne kolportiert, findet sich in der Antike: in Griechenland oder auf den Minoischen Inseln wie Kreta (ebd.:2). Hier handelt es sich um die klassische „mythische Genealogie", eine Herleitung des Ursprungs aus Legenden und Mythen. Sie finden wir ebenfalls bei den Geschichten, die sich rund um die Entstehung der Lilienfüße in China ranken. Alternativ wird gerne als Vorreiterin des Korsetts KATHERINA DE MEDICI (1519–1589) genannt, die eine Art Stahlmieder getragen haben soll (ebd.:8). Teilweise wird auch multi-ethnisch argumentiert: immerhin tragen die Frauen der Iban auf Borneo einen Kupfergürtel.

Wahrscheinlich ist, dass das Korsett ursprünglich eine Komponente der Kleidung und somit in zahlreichen zivilisierten Kulturen zu finden war, wo der Mensch versucht hat, sich mit Stoffen bzw. Kleidung zu verhüllen. Darauf deuten auch Mosaike im Palast von Knossos hin: Frauen tragen miederähnliche Gewänder und betonen damit ihre weiblichen Rundungen. Trotz verschiedener historischer Anspielungen auf Korsetts und Mieder gibt es bis zum 16. Jahrhundert keine offiziellen Angaben darüber, ob Frauen regulär Korsetts getragen haben (ebd.:4). Erste Korsetts tauchten erst in der ersten Hälfte des 16. Jahrhunderts auf, als aristokratische Frauen Mieder mit eingearbeiteten Walfischknochen zu tragen begannen (ebd.:6). Dieser Stil stammte vermutlich aus Spanien oder Italien und verbreitete sich schnell innerhalb Europas. Getragen wurde das Mieder vornehmlich von der aristokratischen Elite, unter anderem von Königin ELISABETH I. (1533–1603) Es ist nicht im ursprünglichen Sinne eine Erfindung der viktorianischen Bourgeoisie. Vielmehr entstand es bereits Jahrhunderte vorher am vornehmen Hofe und verbreitete sich durch die gesamte Gesellschaft – bis hin zur Frau aus der Arbeiterklasse (ebd.:1). Zeugnis davon geben die unzähligen Ölgemälde und Portraits von Königinnen, Gräfinnen und anderem europäischen Adel. Beispielsweise zeigt das Portrait von ELIZABETH VERNON[45]

---

45 Siehe Abb. 7.

(1572–1655), Countess of Southhampton (datiert 1595–1600), dass sie bereits ein Seidenkorsett getragen hat (ebd. 9).

Die Idee der aristokratischen Mode, die ihren Ausdruck im Tragen von Miedern und Korsetten fand, ist tief verflochten mit der höfischen Disziplin, welche sich durch ein bestimmtes äußerliches Erscheinungsbild, das Auftreten und letztlich durch die physiopsychische Selbstkontrolle des Adels ausdrückt (ebd.:13). Der selbstbewusste Ausdruck, der sich in den Bildern widerspiegelt, war jener Stil, der vom spanischen und italienischen Hof kopiert wurde und als Ausdruck der „Aristokratie" übernommen wurde. Insgesamt verkörperte der Adel eine stolze, imposante, theatralische Haltung, die die Qualitäten des Herrschers und die Werte des Staates manifestieren sollten (ebd.:13). Den Kontrast dazu boten die Menschen der einfachen Klasse, deren soziale Position nicht durch die jeweiligen Normen der Steifheit und Selbstkontrolle getragen wurde. Sie konnten daher ihre Körper freier kleiden und mussten sie nicht „einzwängen".

Manchmal wurde schon im Kindesalter mit dem Tragen des Korsetts begonnen. Als Begründung diente hier bereits im späten 16. Jahrhundert das Erzielen einer gesunden und guten Körperhaltung für heranwachsende Mädchen (ebd.:12). Aber erst im 17. Jahrhundert trugen junge Mädchen, manchmal schon im Kleinkindalter von zwei Jahren, Miniatur-Korsetts, um die Wirbelsäule zu stabilisieren (ebd.:12). Es wurden sogar kleinen Jungs im Alter von sechs Jahren Mieder angezogen, um ihre Haltung und die Rückenmuskulatur zu unterstützen.

Während des gesamten Zeitraumes blieb das Korsett aber vornehmlich ein Kleidungsstück für Mädchen und Frauen und das „Tight-lacing" war besonders unter ihnen verbreitet. Dennoch gab es auch einige Männer die sich schnürten, wenn dies auch sehr kritisch betrachtet werden muss. Es gibt einige Beweise, dass im 18. Jahrhundert beim Militär Mieder getragen wurden, sie kamen aber vermehrt erst mit dem Erscheinen des „Dandys" im 19. Jahrhunderts auf[46].

---

46 Dass das Korsett auch von Männern getragen wurde stellt einen fundamentalen Unterschied zum Phänomen der Lilienfüße dar. Da ich mich bei dieser Arbeit aber auf Frauen konzentrieren möchte, werde ich nicht weiter auf diesen interessanten Aspekt eingehen.

Wie die Lilienfüße, so hatte auch die Mode des Mieders und des Korsetts ihre Verbindung zur Kunst, besonders zum Tanz. Häufige Stilrichtungen aus Theater und Ballett fanden sich später in der Mode wieder (Kunzle 1998:84). Die Form der neuen Rococco-Mieder, die die Taille eng modellierten und den Torso in die Länge zogen, die Hüften dabei seitlich ausladend abbildeten, gaben den Anschein, dass sich der Körper im Tanz wiege, wenn die Frau sich bewegte.

Es gibt Anhaltspunkte dafür, dass das „Tight-lacing" bereits im letzten Drittel des 16.Jahrhunderts in Frankreich praktiziert wurde (Kunzle 1998:72ff). Ein französischer Arzt berichtet über vermehrte Fälle von Fehlgeburten, die auf die „starke Kompression des Bauches" zurückzuführen seien (ebd.:72/Steele 2001:5). Außerdem erwähnt er die spinalen Deformationen, ausgelöst durch das starke Schnüren des Rückens in jungen Jahren. Offensichtlich scheint dies aus Doktor PARÉs Sicht eine weit verbreitete Praxis gewesen zu sein, denn es gab fast keine buckligen Mädchen oder Frauen mehr. Von Frankreich aus verbreitete sich dieser „Schönheitswahn" in andere Teile Europas.

Mit Beginn des 18. Jahrhunderts gerieten die Auswüchse dieses Schönheitskultes erstmals in die Kritik. Den Ausschlag gab JOHN LOCKE (1632–1704) als philosophischer Vorreiter, der sich in seinem Buch „Some Thoughts Concerning Education" von 1693 bestürzt darüber äußerte, dass so vielen Kindern Schaden durch die Korsetts zugefügt würde. Er plädierte dafür, den Körper als etwas von der Natur gegebenes zu betrachten und somit auch als etwas Gutes (Kunzle 1998:85). Westliche und östliche Philosophen haben offensichtlich die gleiche Meinung was die Unversehrtheit des menschlichen Körpers betrifft: KONFUZIUS, LOCKE und ROSSEAU propagierten die (von Gott gegebene) Natürlichkeit. Doch die ersten Artikel und Kritikschriften erreichten keine große Hörerschaft und verliefen sozusagen im Sande. Ausgerechnet in Deutschland mit Erscheinen der ersten Enzyklopädie im modernen Sinne (Zedlers von 1743) und dem darin erhaltenen Artikel „Schnürbrust" wurde damit begonnen, dem „Tight-lacing" systematisch die Stirn zu bieten: Eine Veröffentlichung in der französischen Enzyklopädie von 1753 folgte (ebd.:88). Erfolg erzielte die Kampagne aber erst mit der Unterstützung von JEAN JACQUES

ROUSSEAUs[47] scharfer Kritik, dessen Ideen zur späteren Anschauung der Reformbewegung im 19. Jahrhundert wurden. Gestützt hatte sich ROUSSEAU auf sein eigenes Verständnis von Natur und Natürlichkeit als etwas Religiösem, von Gott Gegebenem (ebd.:93). Seine Schriften zur Erziehung *„Emile ou L'education"*, welche mit Erscheinen 1762 verboten wurden, sind progressiv in Hinblick auf Erziehung und Heranwachsen der Kinder und die Aufgaben der Mütter. So spricht ROSSEAU sich dafür aus, Kinder weder körperlich noch physisch einzuengen und sie ihrer Natürlichkeit zu berauben (ebd.:93). So vorbildlich und „modern" seine Auffassung von Erziehung und Kindeswohl sein mochten, so altmodisch blieb jedoch sein Frauenbild. Das Tragen von Korsetts und Miedern sollte die Frau deshalb unterlassen, weil es ausschließlich zur Sexualisierung ihres Körpers diente. Die Frau sei grundsätzlich minderwertiger und dem Manne untergeordnet. Ihre körperliche Schönheit stelle eine Bedrohung für den Mann und seine Moral dar. ROUSSEAUS puritanische Haltung gegenüber Sexualität und Ästhetik wurde später Teil der Kleidungsreform im 19. Jahrhundert (ebd.:94).

In den 1770er und 1780er Jahren hatten sich der Geschmack und das Schönheitsideal tatsächlich gewandelt. Immer mehr Familien folgten ROUSSEAUs Erziehungsgedanken und verzichteten darauf, ihre Töchter in Korsetts zu zwängen (ebd.:97). Allerdings dauerte diese Form des Protests nur kurze Zeit an. Bereits 1785 erreichte die Kompression der Taille europaweit erstaunliche Ausmaße (ebd.:100). Besonders unter den jungen Mädchen und Frauen wurde eine äußerst schmale Taille favorisiert[48]. Dies führte 1780 sogar dazu, dass in Österreich ein Edikt erlassen wurde, welches das Taillenschnüren innerhalb der Familien und sogar der Schulen verbot (ebd.:101).

Während dieser Zeit versuchte man nun für die Wespentaille ein adäquates Pendant zu finden: Die „Schnürbrust". „Sie führte bisweilen dazu", so ein deutscher Chirurg, „dass man teilweise Schwierigkeiten hatte, das Gesicht der Dame zu sehen, weil der Busen so hoch geschnürt wurde!"

---

47 Jean Jacques Rosseau: Frz. Schriftsteller und Philosoph (1712–1778) forderte die Rückkehr zur Natur und natürlichen Lebensweise und Erziehung „Der Mensch ist gut, aber durch Kultur verdorben". *Vgl. 1978 Knaurs Lexikon A-Z, S. 797.*
48 Siehe Abb. 8.

(ebd.:104). So wurde die weibliche Brust zum Symbol für Mutterschaft, Fruchtbarkeit und Natur.

Die Jahre nach der Französischen Revolution waren auf der einen Seite von einem Verlangen nach Freiheit geprägt – Befreiung von der Monarchie, ein freier Geist und ein freier Körper („Egalité, Fraternité, Liberté") – auf der anderen Seite von der politischen Neuordnung Europas und der Einführung demokratischer Grundrechte. So wurden die Jahrhundertwende und der Beginn des 19. Jahrhunderts für ganz Europa eine Zeit der Umorientierung. Das vorherrschende Wirtschaftssystem war nun der Kapitalismus, mit ihm wurde die Ständegesellschaft mit Geburtsrecht durch eine Leistungsgesellschaft ersetzt; auch erste demokratische Grundrechte für mündige Bürger wurden eingeführt. Als direkte Folge der Industrialisierung entwickelte sich eine Gesellschaftsordnung, die in ihren Grundzügen bis ins 20. Jahrhundert erhalten blieb und sich nur langsam verändert hat. Die neu gegründeten Fabriken, in denen Konsumgüter – insbesondere Textilien – in Massenproduktion gefertigt wurden, verdrängten Familienbetriebe und Manufakturen und begründeten damit das klassische Arbeitnehmer – Arbeitgeberverhältnis, das wir bis heute kennen. Von nun an unterteilte sich die Gesellschaft in proletarische Unterschicht, bürgerliche Mittelschicht, finanzstarke Bourgeoisie und Unternehmertum sowie Adel als Oberschicht.

Mit der Biedermeierzeit (1815–1848) kam das Korsett erneut in Mode. Die Damen trugen wieder Reifröcke und Mieder. Ein berühmtes Beispiel jener Zeit ist Kaiserin Elisabeth von Österreich (1837–1898). Bekannt dafür, ihre Taille weit möglichst einzuschnüren, folgte die ganze westliche Welt bis hinüber nach Amerika SISSIs Beispiel (Kunzle 2001:323ff).

Arbeiterfrauen konnten sich keine Korsetts leisten und schneiderten sie sich selbst. Diese und die industriell gefertigten Korsetts führten zu körperlichen Schädigungen, während Maßanfertigungen genau passten. Im Laufe der Jahre wurden die Korsetts immer enger geschnürt, das Ideal war eine Sanduhrfigur (Kunzle 1998:121). Zu enges Schnüren wurde auch damals wieder abgelehnt, da man um die Gesundheitsschäden wusste.

Daraufhin wurden die Korsetts stetig weiterentwickelt und waren deutlich leichter als noch im Barock. Ab 1828 waren sie mit Metallösen ausgestattet, wodurch sie viel leichter zu schnüren waren (ebd.:121). Statt Walfischbarten wurde oft als Stütze Federbandstahl oder Stahlspiralfedern verwendet.

Die erstarkte Frauen- und Reformbewegung sowie progressive Mode-schöpfer wie POIRET sorgten dafür, dass dieses äußerst ungesunde Klei-dungsstück noch vor Ausbruch des Ersten Weltkrieges allmählich aus der Mode kam (Kunzle 2001:185). Es galt jetzt vielmehr als schick, elegante Kleider auch ohne Korsett zu tragen. Trotzdem gab es noch einige Jahre Korsetts, aber die S-Linie schwächte sich ab, das extreme Engschnüren galt zunehmend als unmodisch und elastische Einsätze sorgten nun für mehr Bequemlichkeit.

Als aussterbender Brauch diente das „Tight-lacing" noch eine Weile als gutes Publicity-Instrument für Schauspielerinnen und Sängerinnen. Die Frauen, die nach wie vor eine schmale Taille favorisierten, wurden von der Presse gnadenlos ins Visier genommen (Kunzle 2001:186). Zu Beginn profi-tierten in der öffentlichen Aufmerksamkeit beide Seiten davon. Die wenigen „Tight-lacer" profilierten sich zunächst mit ihren extremen Taillenmaßen – entgegen der allgemein vorherrschenden Tendenz gegen das Korsett. Aber schon bald wurde „Tight-lacing" und die Frauen, die noch dieser Praxis anhingen, zum Gegenstand öffentlichen Geschwätzes und als einflusslose Randerscheinung innerhalb der Gesellschaft wahrgenommen (ebd.:188).

Zu Beginn des 20. Jahrhunderts wurde das Korsett immer mehr durch den Büstenhalter ersetzt. Auch wenn es einige modische „Revivals" erfuhr, konnte es sich nie wieder komplett durchsetzen.

4.2 „Footbinding" vs. „Corsetry"

Vom Kaiserhof und in der gehobenen Aristokratenklasse als exklusive Mode gelebt und in seinem Ursprung einer saturierten Elite vorbehalten, verbreiteten sich sowohl das Korsett als auch der Lotusfuß wie ein Lauffeuer horizontal sowie vertikal innerhalb ihrer Kulturkreise und wurden in ihren Ausprägun-gen immer extremer. Nur wenige Gruppen distanzierten sich letztlich von diesem Brauch. Ethnische Minderheiten, die sich gezielt dieser Tradition in China widersetzten und versuchten, sich abzugrenzen, oder arme Bauern in China und Europa, die schlicht den Aufwand und den Verlust von Arbeits-kraft scheuten, blieben die wenigen Ausnahmen.

Sicher ist, dass beide Formen der Körpermodifizierung während des gesamten Zeitraumes ein Schönheitsideal darstellten, welches von Män-nern geliebt und erwünscht war, aber auch von den Mädchen und Frauen bereitwillig in Kauf genommen wurde, um weiterhin auf Männer attraktiv zu wirken. Beinahe drängt sich hier die klassische Frage nach Ei oder Henne auf: Was war zuerst da, der gebundene Fuß und die schmale Taille, die die Männer anzogen, oder der Mann, der seiner Frau die Füße binden ließ und sie in ein Korsett zwängte? Dies zu beantworten ist nach wie vor schwierig. Schenkt man den Mythen und Legenden Glauben, die sich mit dem Ursprung von klassischen weiblichen Schönheitsidealen befassen, und versucht daraus einen Bezug zur eventuellen Realität herzuleiten, so möchte ich schlussfolgern, dass Frauen mit kleineren Füßen und einer schmalen Taille seit jeher eine Faszination auf Männer ausgeübt haben. Das ist nicht verwunderlich. Auch in unserer Gesellschaft gilt etwa noch heute eine Schuhgröße der Frau von 38 schöner als 42. Und eine schmale Taille wird stets Bewunderung erfahren, obgleich wir derzeit leider in der Mode nach wie vor einem fragwürdigen Ideal folgen, welches Mädchen von 13 Jahren zu Topmodels macht.

Wir haben es hier also mit einem beinahe universalen Verständnis von weiblicher Schönheit zu tun: Kleine zierliche Füße und schmale Taillen. Der „Highheel" oder „Stiletto" ist der beste Beweis aus unserer modernen Gesellschaft. Er gaukelt uns optisch etwas vor: Das Bein wird verlängert und der Fuß wirkt kleiner und kürzer in Länge und Breite. Nun mag genau diese Vorstellung eines perfekten Frauenfußes dazu geführt haben, dass den ersten Schritt zur äußerlichen Veränderung die Frauen selbst vollzogen. Danach lässt sich vermuten, dass die Frauen damit den Geschmack des Mannes bestätigten und unterstützten und ihn so für kommende Jahrhunderte diktierten. Die Lilienfüße konnten nur deshalb einen so starken Reiz auf Männer ausüben, weil ihnen seit Generationen vom weiblichen Geschlecht nichts anderes vorgelebt wurde. Ähnlich muss es sich in Europa bei der Manifestation des Korsetts als dem modischen Stilelement schlechthin verhalten haben. Wie sonst konnte sich die Vorliebe des Mannes innerhalb von nur einer Generation so hingehend verändern, dass sich natürliche Füße und „normale" Taillen wieder durchsetzten?

Das Angebot scheint auch hier die Nachfrage geregelt zu haben. Oder: Die Neigungen des Mannes sind wandel- und durchaus manipulierbar. Von Rubens´ Frauenbildern zu Twiggy war ein langer Weg des weiblichen Schönheitsideals und die Männer folgten bereitwillig. Es ist also nach wie vor fraglich, ob man beim Lilienfuß und beim Korsett wirklich noch von der Unterdrückung der Frau durch den Mann sprechen kann. Zumal es sich im

Falle des Korsetts und der schmalen Taillen um ein beiderlei Geschlechte betreffendes Schönheitsideal handelte. Der Dandy – der sich heute vermutlich ausschließlich in der Haute Couture von JEAN PAUL GAULTIER[49] und im homoerotischen Fetischbereich wieder findet – war ein lebender Beweis dafür.

Nun haben China und Europa rechtzeitig „den Absprung geschafft" und sich ihrer Sitten entledigen können, die zwar für uns als Außenstehende ein Faszinosum darstellen mögen, aber gemessen an Leid und Schrecken, welche die Mädchen erlitten, heute keinerlei Berechtigung mehr haben. Während die meisten Europäer den Brauch des Füßebindens als unmenschlich und grausam beschrieben, gab es nur wenige, wie Reverend JUSTUS DOOLITTLE (卢公明 1824–1880), der versuchte, auch in medizinischer Hinsicht einen Vergleich zu ziehen (Doolittle 1866:202f). So machte er den Einwand, dass es sich beim europäischen „Tight-lacing" im Gegensatz zum „Footbinding" wohl um die weitaus gesundheitsschädlichere Form der Körpermodifikation handele (ebd.:203). Die Verkümmerung der Füße war aus seiner Sicht weniger schädlich für Gesundheit und Leben der Frau, da die unmittelbar zum Überleben notwendigen Organe wie Lunge, Leber und Nieren, die erwiesenermaßen auf engen Raum durch das Korsett zusammengepresst wurden, beim Füßebinden nicht betroffen waren (ebd.:202). Sicherlich spielt die untere Extremität zum Überleben im klassischen Sinne nicht die wichtigste Rolle, allerdings möchte ich bezweifeln, dass man die unzähligen Todesfälle bei gebundenen Füßen durch entstehende Sepsen so einfach ignorieren kann. Im Übrigen, bin ich der Meinung, handelt es sich bei den dokumentierten Todesfällen durch das Korsett häufig um eine „krankhafte" Form des extremen „Tight-lacing". Der überwiegende Teil der Frauen trug zwar ein Korsett, haben aber die Grenzen des Unzumutbaren selten überschritten. In China hingegen gab es zu keinem Zeitpunkt eine moderate Form von gebundenen Füßen. Lilienfüße orientierten sich an der 3-Zoll-Vorgabe, die erfüllt werden musste, und diese stellte grundsätzlich eine extreme Form der Verstümmelung dar.

Das „abrupte Ableben" beider Sitten lässt durchaus von einem Erfolg in Sachen „Selbstbestimmungsrecht auf körperliche Unversehrtheit der Frau"

---

49 Jean Paul Gaultier (*1952), bekannter französischer Modeschöpfer, hat unter anderem Korsetts für die Sängerinnen Madonna und Kylie Minogue entworfen.

sprechen, obwohl die Oppositionen gegen beide Modeerscheinungen die Abschaffung dieser Bräuche und die gleichzeitige Liberalisierung der Frau auf Kosten des weiblichen Geschlechts und einiger Individuen ausgetragen haben. Es darf deshalb nicht außer Acht gelassen werden, dass die betroffenen Frauen, besonders in China, ungeheure Kraft aufbringen mussten, sich aus diesem Teufelskreis von Tugend und Tradition zu befreien. Dabei ist nach wie vor noch nicht verständlich, weshalb dies in China erst so spät stattgefunden hat.

5. Ein Land voller Lilienfüße – viele Erklärungsversuche – nur *eine* Lösung?

Die Eigendynamik die sich im Laufe der Zeit entwickelte, führte vielmehr dazu, dass einer „alten Gewohnheit" mehr oder minder blind gefolgt wurde. Natürlich haben die Betroffenen, besonders wenn die körperliche Deformierung noch nicht vergessen war, ihr Tun hinterfragt, aber ein Unterlassen blieb schwer. Die Demaskierung des Fetischs ging nicht von heute auf morgen vonstatten. Lange Zeit gab es kein Korrektiv von außen, welches Anstoß an den Praktiken der Lilienfüße nahm und für eine Veränderung gesorgt hätte.

Um zu präzisieren: In unserer heute weitgehend globalisierten Welt, in der das Betrachten fremder Sitten und Bräuche selbst für Nicht-Ethnologen zu einem Kinderspiel geworden ist, werden auch fragwürdige Riten wie die Beschneidung der Frau einer allgemeinen Kritik unterzogen und das mit Recht. Die Gewohnheit allerdings aufzugeben, kommt den betroffenen Menschen wie ein Verlust der eigenen Identität, Tradition und Kultur vor.

Für mich zu klären, ist die Frage, welchen zwingenden Grund es gegeben haben muss, dass Frauen so lange an der Tradition der Lilienfüße festhielten, obgleich ein Leben auf gebundenen Füßen unendliche Pein bedeutete? Wenn es nur um Schönheit gegangen ist, wäre dieses Ideal früher oder später einem anderen gewichen. Mode, so auch STEFAN MESSMANN, kann von kurzer, mittlerer oder langer Dauer sein, allerdings gehört der periodische Stilwechsel zwingend dazu (Messmann 2010:116). Abgesehen von der römischen Toga, die tatsächlich über einen Zeitraum von 1600 Jahren getragen wurde, unterlag die Mode in China einem zyklischen Wandel von zehn bis 30 Jahren (ebd.:117). Heute geht das natürlich wesentlich schneller, wie die saisonalen Trends belegen. Galten gebundene Füße demnach als Mode, so hätte die modebewusste Damenwelt mit Sicherheit bereitwillig einen neuen Trend mitgemacht und sich bald ihrer gebundenen Füße entledigt. Zumindest hätten sich Gruppierungen gefunden, die sich mit dem einen oder anderen Stil identifizieren konnten und somit für eine modische Diversifikation innerhalb der Gesellschaft gesorgt hätten. Aus meiner Sicht scheidet daher das Argument des allzu dogmatischen Schönheitsideals als Grund für 1000 Jahre Verkrüppelung aus.

Der Lilienfuß als sexueller Fetisch stellt für mich ebenfalls lediglich eine „moralische Stütze" dieser Tradition dar, aber keinesfalls das Fundament, auf dem sie beruhte. Durch die aufoktroyierte Sinnlichkeit bekam der Lilienfuß einen besonderen Stellenwert. Wäre er konsequent als verabscheuungswürdig betrachtet worden, hätte er es schwer gehabt, akzeptiert zu werden. Die Fetischisierung der Lilienfüße spielte also durchaus eine große Rolle bei ihrer Mystifizierung. Gerade durch die literarische und poetische Aufwertung sowie seine Anbetung konnte der Fetisch erst tabuisiert werden. Lieder und Gedichte sowie Geschichten, deren Inhalt sich um die Lilienfüße rankt, verhalfen so dem Mythos des „Goldlotus" zu etwas Heiligem, gar Göttlichem. Der „sexuelle Touch" durch die permanent unterschwellig mitspielende Erotik waren ein zwingender Nebeneffekt des Ganzen, aber nicht der Auslöser. Zwar warnt die daoistische Sexuallehre und traditionell verhaftete Vorstellung davor, dass Frauen mit ihrem sexuellen Verlangen den Mann körperlich so weit schwächen können, dass ihm jegliche Energie und Lebenskraft verloren gehen kann, aber sie ist doch, was Praktiken und Techniken anging, darauf bedacht gewesen, männliche Freuden mit weiblicher Befriedigung zu verbinden (Großes Chinalexikon 2008:666). So ist ein zentrales Element der daoistischen Lehre auch, durch verschiedene Leibes- und Meditationsübungen sowie Sexualpraktiken im Besonderen, darauf zu achten, dass diese Energie (in den Körperflüssigkeiten enthalten), im Chinesischen mit *yang* (阳) bezeichnet, im Körper verbleibt (Kettelhut 1997:210). Es wäre für mich daher höchst fraglich hier von sexueller Ausbeutung zu sprechen. Eher würde ich denken, dass die Einstellung der Sexualität im frühen China durchaus freizügige Phasen gesellschaftlicher Akzeptanz erlebte, wovon erotische Romane wie „*Jin Ping Meh*" (金瓶梅) Zeugnis ablegen. Sexueller Fetisch und sexuelle Obsession, auch hierin sehe ich nur zweitrangige Argumente, mit denen eher hilflos versucht wird, schnell eine Erklärung für das Phänomen der gebundenen Füße zu finden.

Ein weiterer, häufig angesprochener Grund wäre der „herrische" Gatte, der seine Frau an Haus und Hof fesselt, sexuell ausbeutet und sie jeglicher Selbstbestimmung beraubt. YAO LINGXI beschreibt im dritten Band seiner „*Cai Fei Lu*"-Reihe, dass manche die Meinung vertraten: „*Frauen müssen die Füße gebunden werden, andernfalls, egal wie stark der Mann auch sei, wären sie nicht in der Lage, sie als Ehemänner zu steuern [kontrollieren]*[50] (Gao 2007:109). Wobei hier eindeutig die versteckte Macht der Frau über ihren Mann zum Ausdruck kommt: die Frau „bezirzt" ihren Gatten mit Liebreiz.

Dennoch, herrschte im kaiserlichen China die klare Geschlechterverteilung eines Patriarchats. Diese Herrschaftsform existiert seit etwa 7000 Jahren, mit wenigen Ausnahmen von beschriebenen Matriarchaten prähistorischer Kulturen[51] aus dem Gebiet des „Fruchtbaren Halbmond" (Reimer 1999:284). Heute gelten die Tuareg in Nordafrika oder gar die Mosuo (摩梭 Mósuō), mit tibeto-burmanischer Sprache im Südwesten Chinas als zeitgenössische Gesellschaften mit matrilinearen[52] Abstammungsregeln (Haarmann 2004:231). Bei den Mosuo, die als ethnische Minderheit seit jeher ein völlig eigenes Kulturverständnis haben, konnte sich der Brauch der Lilienfüße nicht etablieren. Daraus könnte man schließen, dass eine Ethnie, die mutterrechtlich organisiert ist, ihre Frauen tendenziell weniger grausamen Bräuchen aussetzt. Die Tuareg in Mali allerdings sind kein Garant für diese Annahme. Die Beschneidungsrate liegt heute bei 32% der weiblichen Bevölkerung (GTZ 2009). Wir wissen auch, dass in den meisten traditionellen Gesellschaften körperliche Gewalt verpönt ist und dennoch sind es gerade jene Gesellschaften, die ihre Kinder auf dem Weg zum Erwachsenwerden harten körperlichen und seelischen Prüfungen aussetzen (dtv Atlas Ethnologie 2005:123). Die meisten von ihnen folgen letztlich der patrilinearen Deszendenz[53] und zeigen in ihren Strukturen klare Rollenverteilungen für Männer und Frauen auf. Es liegt nahe, davon auszugehen, dass die traditionell patriarchalisch organisierte Gesellschaft Chinas zwar nicht unmittelbar verantwortlich für den barbarischen Brauch der Lilienfüße war, wohl aber eine günstige Voraussetzung.

Lilienfüße müssen das Leben der Frauen auf eine besondere Art und Weise entscheidend verändert haben – und zwar zu *ihren Gunsten.* Die anderen

---

50 *Vgl. Gao, Hong-Xing 2007, S. 109*:
有人说: "妇女必须缠足, 否则强壮如男子, 为丈夫者不能制服也".

51 Matriarchat auch Gynäkokratie genannt ist die „Frauenherrschaft", in denen mutterrechtliche Tendenzen, wie Matrilokalität und matrilineare Abstammung, herrschen. *Vgl. 1999 Reimer: Wörterbuchder Völkerkunde, S. 148.*

52 matrilinear, auf die Mutter zurückzuführende Abstammung.

53 Deszendenz: Abstammung eines Menschen oder einer Gruppe von einem tatsächlichen oder angenommenen Ahnen. *Vgl. 2005 dtv Atlas Ethnologie, S. 217.*

43

Ursachen für die Perpetuierung dieses chinesischen Brauchs wurden bereits näher erläutert: Abgrenzung zur Wahrung der eigenen Identität gegenüber anderen Ethnien und Hervorhebung der „angeblichen" kulturellen Überlegenheit. Sie alle erklären ausschließlich, was die Verbreitung und letztlich die Inkorporation der Lilienfüße in die chinesische Gesellschaft begünstigte und sehen den Mann als Adressaten gerne in der Rolle des Agitators. Es waren aber nicht die Männer, die ihren Töchtern die Füße banden, es waren ausschließlich die Frauen, die Mütter, die über Generationen geradezu ritualisiert diese Sitte an ihre Töchter weitergaben.

Nach allem, was wir bisher wissen, bin ich davon überzeugt, dass wir es bei der Entstehung der Lilienfüße mit einer Reihe synchroner Entwicklungen zu tun haben. Sämtliche Erklärungen, die bisher als Gründe für die Entstehung der Lilienfüße genannt wurden, haben sich zeitgleich mit den Lilienfüßen entwickelt und dienten lediglich der Legitimation der Sitte.

Wenn es dennoch einen diachronen[54] Ursprung geben sollte, auf den sich die Lilienfüße zurückführen lassen, so liegt dieser im Leben der Frauen und findet dort seinen Ausgangspunkt.

5.1 Das chinesische Familiensystem

„Footbinding" als elementarer Bestandteil im Leben eines chinesischen Mädchens ist tief verflochten mit dem von Konfuzius[55] geprägten Familiensystem. Ohne die Struktur der patriarchalisch geformten Gesellschaft, in der die Familie das Zentrum bildet, hätte die Tradition der Lilienfüße aus meiner Sicht nicht über diesen langen Zeitraum und mit dieser Intensität bestehen können. Die Familie bietet sozusagen den Nährboden, auf dem der Brauch gedeihen konnte. *„Das auf Feudalismus und konfuzianischer*

---

54 In der Ethnologie spricht man entweder von einer synchronen bzw. diachronen Entwicklung. Im Falle der synchronen Entwicklungsgeschichte haben wir es mit mehreren parallel voneinander stattfindenden Ereignissen zu tun. Bei einer diachronen Herleitung geht man von einem Initialereignis aus.

55 Konfuzius (551–479 v. Chr.), Meister Kung (孔子), ist der Begründer der philosophisch-politischen Lehre des Konfuzianismus, die bis heute die bedeutendste Geistesströmung in China geblieben ist. *Vgl. 2008 Staiger, Friedrich und Schütte: Das große China Lexikon, S. 385.*

Ethik basierende Verlangen an Frauen, förderte den Brauch der gebundenen Füße [durchaus]"[56].

In einer Gesellschaft, die die konfuzianischen Werte hochhält, hätte diese Sitte eigentlich gar nicht entstehen dürfen. „Footbinding" verletzte ein Dogma, welches die gesamte konfuzianische und neokonfuzianische Doktrin durchdrang: Das Verbot der Selbstverletzung des eigenen Körpers! Dieses Verbot aus den Schriften Konfuzius' wird den Kindern schon im Kleinkindalter beigebracht (Blake 1994:695/Messmann 2010:52). Es ist das Fundament, auf dem Konfuzius' Lehre basiert und entspricht ebenfalls der bereits erwähnten westlichen Denkweise des 17. und 18. Jahrhunderts: „Verletze nicht einmal Haare oder Haut des Körpers, den du durch Mutter und Vater erhalten hast." Diese Einsicht ist weit mehr als die einfache Reflexion: „woher komme ich" und „mein Leben ist wertvoll". Der Körper ist das Verbindungsglied einer Kette: Man wird geboren und man gibt den Teil seiner Eltern, den man in sich trägt, weiter an seine Kinder (Blake 1994:696). Obwohl Geschichten kursieren, die die Kindespietät soweit ad absurdum führten, dass Kinder ihre sterbenskranken Eltern nur retten konnten, indem sie sich selbst ein Stück Fleisch aus den Rippen schnitten, wurde die Selbstverstümmelung allgemein als eine Entweihung und Schändung empfunden (ebd.:696). „Footbinding" – so viel ist sicher – war wohl eine der größten Ausnahmen, die gegen die konfuzianische Regel der Selbstverstümmelung verstieß.

In der mittleren Tang-Zeit (618–907 n. Chr.) kam es zu einer Neubelebung der bisherigen konfuzianischen Lehre, nachdem in den nach-hanzeitlichen Jahrhunderten, die von politischer Zersplitterung und teilweiser Fremdherrschaft geprägt waren, der Daoismus und Buddhismus die vorherrschenden intellektuellen Strömungen Chinas gewesen waren. Der Neokonfuzianismus, wie er im Westen genannt wird, entstand erst in der Song-Zeit (10.-13. Jhd.) und kam dort zur vollen Blüte, gemeinsam mit dem zur Machtfülle gelangenden Literatenbeamtentum (Das große China Lexikon 2007:389). Die ursprünglichen Ent-wicklungen und doktrinären Verhärtungen des Neokonfuzianismus führten zu seiner Verbreitung auch außerhalb Chinas. Der strikte Verhaltenskodex der Lehre verhalf dem Brauch der gebundenen Füße

---

56 Vgl. Gao, Hong-Xing 2007, S. 108:
   [⋯] 封建礼教对女性的要求, 推动发展了缠足风俗。

zur Popularität. „*In der antiken chinesischen Gesellschaft diente der Konfuzianismus dazu, soziale Hierarchien und das patriarchale Clan-System zu stärken, Regeln für Gesetze und Riten zu konsolidieren und moralische und ethische Standards festzusetzen [...] Er [der Konfuzianismus] ist voll von Diskriminierung und wurde sogar noch rigider und grausamer, nachdem die moralischen Theorien von CHENG* (程颐) *und ZHU* (朱熹) *der Song-Dynastie vorherrschend waren. Diese Theorien erreichten ihren Höhepunkt während der Ming- und Qing-Dynastien. Der Brauch der gebundenen Füße wurde tradiert und entwickelt über diese Linien*"[57] (Gao 2007:108). Ferner führte die Nähe zum Daoismus innerhalb der Lehre und das besondere kosmologische Interesse an Ethik dazu, dass der Neokonfuzianismus rigider, autoritärer und sinnesfeindlicher wurde, als es der reine Konfuzianismus je war (ebd.:389).

Lange Zeit galt die „Drei-Vier-Generationen-Familie unter einem Dach" als die chinesische Lebensform schlechthin. Dies hing unter anderem damit zusammen, dass konfuzianische und neokonfuzianische Idealvorstellungen mit den tatsächlichen Gegebenheiten gleichgesetzt wurden. Heute wissen wir bestimmt, dass in den letzten 2000 Jahren die Mehrheit der chinesischen Bevölkerung in der patrilinearen Kernfamilie aufwuchs, bestehend aus Vater, Mutter und den männlichen Nachkommen. Gegebenfalls konnte dieses Konstrukt um die Großeltern des Vaters erweitert sein. Vorherrschendes Verwandtschaftssystem war der so genannte Patri-Clan, auch als *patrilineage* bezeichnet, der aus mehreren Kern-, Bruder oder Stammfamilien bestand, die sich auf dieselben männlichen Nachfahren bzw. die Ahnen in väterlich aufsteigender Linie beriefen (Große China Lexikon 2007:210).

Die patriarchale Familie bildete als soziales, politisches, moralisches und wirtschaftliches Zentrum die Wurzel und den Mikrokosmos eines hoch zentralisierten und stratifizierten politischen Systems. Bereits Mencius sagte: "*...Die Wurzel des Staates ist die Familie...*"[58]. Wer die Regeln innerhalb

---

57 Vgl. *Gao, Hong-Xing* 2007, S. 108:
礼教是中国古代社会为了巩固等级制度和宗法关系而制定的礼法条规和道德标准，它充满着的对 女性的歧视的压迫 [...] 礼教至宋代程朱理学出现而日益严酷，到明清理学大登峰造极缠足风俗的 产生与发展是与这种情况同步的.

58 Mencius Buch 4a, Kapitel 5 (孟子曰: "人有恆言, 皆曰 "天下國家". 天下之本國, 國本在家, 家之本 身" – „Mencius sprach: die Menschen pflegen ein Sprichwort: "Das Königreich, der Staat, die Familie". Die Wurzel des Königreichs ist der

46

der Familie beachtete, folgte auch den Regeln außerhalb: der Ordnung des Staates. Der älteste und am längsten bestehende Staat, nach unserem Verständnis das imperiale China, wurde also unterstützt und getragen von den Grundfesten der patriarchalen Familie. Innerhalb dieser gab es eine klare Rangordnung bzw. Hierarchie, die den konfuzianischen Werten entlehnt war: Alt über Jung, Eltern über Kinder, Männer über Frauen und Kinder (Greenhalgh 1977:11). Wie die chinesische Gesellschaft, die einer hierarchischen Ordnung folgte, um Kontrolle auszuüben und zu wahren, so gab es in der chinesischen Familie eine soziale Schichtung des Status´ und eine klar strukturierte Verteilung der Funktionen nach Geschlecht und Alter. Die elterliche Autorität war von dem Moment der Geburt des Kindes gegeben und Voraussetzung für das Zusammenleben „unter einem Dach". Entsprechend konfuzianischen Traditionen gehörte der Körper des Kindes den Eltern, er war von ihnen geschaffen und deshalb konnten Eltern ihre Kinder auch bestrafen oder über sie verfügen ohne Gefahr zu laufen, von der Gesellschaft zur Rechenschaft gezogen zu werden und dies, obwohl der Konfuzianismus die Unversehrtheit des Körpers propagierte (ebd. 11)!

Kleine Mädchen, die die Erbfolge per se nicht aufrechterhalten konnten, waren von „Natur" aus nicht begünstigt in der patriarchalischen Familie. Oft wurden sie Opfer des Infantizids (Kindstötung) nach der Geburt, wurden verkauft, zur Sklaverei oder Prostitution gezwungen und verließen bestenfalls als „kleine Schwiegertöchter" den elterlichen Herd. Ihr Leben stand stets im Dienste des Elternhauses, so hatten sie die Pflicht, die Fürsorge der Eltern in Form von Kindespietät zurückzuzahlen. Das bedeutete absoluten Gehorsam, auch Demut gegenüber den eigenen Eltern und beinhaltete die Pflege im Alter sowie die Verehrung und Anbetung der gemeinsamen Ahnen (Greenhalgh 1977:11).

Eine Heirat war kein heiliger Akt der Ehe, der die Bedürfnisbefriedigung zweier verliebter Individuen zu stillen hatte, sondern eine Sicherheit die elterliche „Lineage"[59] fortzuführen. Die Heirat wurde von den Eltern

---

Staat, die Wurzel des Staates ist die Familie, die Wurzel der Familie ist ihr Körper [das Oberhaupt])". *Vgl. Legge 1985 „The Works of Mencius".*

59 *Lineage*, ein Begriff aus der Ethnologie, beschreibt die Verwandtschaftsgruppe, deren Mitglieder von demselben Ahn abstammen, in direkter und bekannter männlicher Linie. *Vgl. 1999 Reimer: Wörterbuch der Völkerkunde, S. 234.*

arrangiert und es war die Familie des Sohnes, welche die zukünftige Ehefrau und Schwiegertochter auswählte (Greenhalgh 1977:12). Mit der Schwiegertochter wuchs die eigene Familie und erhöhte ihren Status und Einfluss. Die Töchter hatten keinerlei Mitsprache, was die Wahl des Partners betraf, und einmal verheiratet gehörten sie zur Familie des Sohnes, in welcher der Schwiegervater über die Ressourcen herrschte und die Schwiegermutter das uneingeschränkte Sagen über die häuslichen Angelegenheiten innehatte (ebd.:12).

Die „Dominanz[60]" des Mannes bildete den Grundstein des patriarchalen Familiensystems. Die Familie war nicht nur patriarchal, sondern auch patrilinear, patrilokal und patronymisch[61] organisiert. Macht man sich diese Umstände bewusst, ist klar, dass ein Mädchen vorerst einen wenig erfreulichen Status hatte: Weder konnte es den Ahnen huldigen, noch einen entscheidenden Beitrag zur familiären Ökonomie leisten oder gar in der Öffentlichkeit für das Ansehen der Familie sorgen. Im Gegenteil, allein der Umstand, dass sie praktisch bis zur Hochzeit nur ein temporäres Mitglied der Familie darstellte, führte dazu, dass die Investitionen in eine Tochter, seien es Erziehung und Bildung, fast umsonst waren. Für die Kernfamilie brachte eine Tochter kaum nennenswerte Vorteile (Greenhalgh 1977:12). So ist vielleicht verständlich, dass die Fürsorge der Eltern hauptsächlich darin lag, das Mädchen so „günstig" wie möglich großzuziehen, um sie dann möglichst „gewinnbringend" zu verheiraten.

Der Weg einer Frau, ihre Bestimmung, war von Anfang an vorgezeichnet. Sie konnte nur Ehefrau, Mutter, Schwiegertochter und im günstigsten Fall selbst Schwiegermutter werden. Ein Leben in Abhängigkeiten ihrer jeweiligen Günstlinge! Bevor sie verheiratet wurde diente sie im elterlichen Haushalt dem Vater und den Großeltern. Nach der Heirat arbeitete sie für den Ehemann und seine Eltern. Wurde sie Witwe, so lebte sie fortan im Dienste ihrer Söhne. Aufgrund des vorherrschenden Gesellschaftssystems der Han

---

60 Ich spreche dennoch von „Dominanz", weil ich davon überzeugt bin, dass im Hinblick auf „Footbinding", die Dominanz des Mannes die Rahmenbedingungen begünstigte, aber eine weitgehend untergeordnete Rolle in Bezug auf den Brauch und seine Umsetzung der Lilienfüße spielte.
61 patronymisch: die Namensgebung ist dem Namen des Vaters entlehnt.

konnte eine Frau nur diesen Idealen folgen und sich beugen – ein alternatives Lebensmodel existierte nicht und war gesellschaftlich nicht akzeptiert.

In der Umsetzung erscheint dieses Modell jedoch nicht so stabil, wie es sollte. Tatsächlich liegt der eigentliche Schwachpunkt oder die Gefahrenquelle des Systems bei der Stellung der Frauen selbst. Die Bedrohung ging von ihnen aus und zwar allein von dem Umstand, dass sie in eine neue Familie einheirateten und von außen als Fremde hinzukamen. Mit der Heirat in eine patriarchale Familie konnten sie deren Stabilität massiv ins Wanken bringen. Indem die Ehefrauen versuchten, Einfluss zu gewinnen auf die Verteilung der häuslichen Arbeiten und Güter oder schlicht sich der neuen Hierarchie widersetzten, konnte das fragile Gleichgewicht gestört werden. Bei zu schlechter Behandlung der Schwiegertochter drohte der neuen Familie im schlimmsten Fall, dass die Frau die Familie verließ und in ihr Elternhaus zurückkehrte. Sie brachte somit Schande über die Familie ihres Ehemannes (Greenhalgh 1977:13).

„Footbinding", als kulturelle Sitte, diente einem Mechanismus zur Konsolidierung und Perpetuierung dieses Verwandtschaftssystems (*kinship system*). *„Nachdem sich der Brauch der gebundenen Füße etabliert hatte, wurde er zu einem wichtigen Kriterium für die Unterscheidung von Männern und Frauen*[62]. Seine Funktion hatte unterschiedliche Einflüsse auf das weibliche Leben in den vorehelichen und nachehelichen Phasen (ebd.:13). In der Phase vor der Heirat, verhalf „Footbinding" der Familie, ihre Tochter möglichst prestigeträchtig zu verheiraten, denn man schämte sich der Töchter mit ungebundenen Füßen[63]. Gebundene Füße waren ein Symbol für einen hohen Lebensstandard, besonders wenn die Familie sich Angestellte leisten konnte,

---

62 *Vgl. Gao, Hong-Xing 2007, S. 109:*
[...] 缠足风俗发生之后，三寸金莲就成了判别男女的重要标志.

63 *Vgl. Gao, Hong-Xing 2007, S. 116.* Im Original lautet die Übersetzung: *„In der Zeit, in der gebundene Füße populär waren, war der „Drei-Zoll-Goldlotus" ein Kriterium für Männer, ihre Braut zu wählen. Frauen mit ungebundenen Füßen galten als solche, die „ihren Körper und ihre Schönheit des Frauseins" verloren hatten. Nicht nur relativ gut situierte Familien gingen auf Abstand zu ihnen, auch sehr arme Familien empfanden es als Schande, eine Frau mit natürlichen [großen, ungebundenen] Füßen zu heiraten".*
缠足时代，金莲三寸是男子的择偶标准，不缠足的女子被认为矢去了"妇女之体貌"，不仅"诗礼 家莫肯同名"，即使是食无隔宿之粮的贫家小户也以娶大脚女子为耻.

die die Hausarbeit erledigten, während die Ehefrau auf ihren kleinen, gebundenen Füßen mehr oder weniger nutzlos war. Je früher, je kleiner und enger die Füße der Töchter gebunden wurden, desto wohlhabender erschien die Familie. So wurde, wie bereits erwähnt, der Lilienfuß zu einem wichtigen Kriterium für den Wohlstand einer Familie und die Heiratsfähigkeit eines Mädchens.

Nach der Heirat hingegen verhalf der Brauch der Lilienfüße indirekt dazu, das Familiensystem zu stärken und die neue Braut daran zu hindern, ein Störenfried zu werden und somit das instabile Gebilde des patriarchalen Familienclans nachhaltig zu sabotieren. Unfähig, „große Sprünge" zu machen, war die junge Braut auf ihr neues Zuhause beschränkt, wo sie der strikten Überwachung der Schwiegermutter ausgesetzt war (Greenhalgh 1977:14). Dazu erzogen, gehorsam zu sein und die neue Autorität zu akzeptieren, wurde die Ehefrau permanent daran erinnert, dass sie, sollte sie keinen männlichen Nachkommen gebären können, durch eine Zweitfrau oder Konkubine ersetzt werden könnte. Mit dieser Möglichkeit sicherte sich die patriarchalisch organisierte Familie über kurz oder lang die Fortführung ihrer Abstammungslinie.

Eine weitere Unsicherheit für die Eltern lag in einer eventuellen Teilung des Haushalts in mehrere unabhängige Einheiten. Die Schwiegertochter lebte nicht nur mit ihren Schwiegereltern zusammen und den unverheirateten Geschwistern ihres Mannes, sondern auch mit den verheirateten Brüdern und ihren Familien. An irgendeinem Punkt konnte dieses Konglomerat der Familie durch einfache Interessenkonflikte zerfallen, deren Folge innerfamiliäre Allianzen waren, von welchen die Gefahr ausging, sich zu teilen und unter einer neuen Ordnung zu formieren. Diese Form des Auseinanderfallens der Großfamilie wollten die Großeltern so weit wie möglich herauszögern, im günstigsten Fall verhindern, da sie durch eine familiäre Separation ihre Vormachtstellung innerhalb der Familie einbüßen mussten (Greenhalgh 1977:14). Für die angeheiratete Tochter galt es hingegen, diesen Prozess zu forcieren. Denn nur fern vom elterlichen Hof und der Dominanz der Schwiegermutter konnte sie selbst Kontrolle über ihren eigenen Haushalt erreichen und ein Stück „Freiheit" gewinnen.

Innerhalb dieser Konstellation führte „Footbinding" zu einem neuen Interessenkonflikt. So unterstützten die Lilienfüße indirekt das Hierarchiesystem der Familie: Alt über Jung und Mann über Frau. Die Schwiegertochter mit gebundenen Füßen durch die soziale Schichtung und den daraus resultierenden Regeln am Aufstieg gehindert sowie unter den Fittichen ihrer Schwiegermutter, konnte sich nicht gegen die Ordnung der Familie stellen. Umgekehrt traf das gleiche Los auch die Schwiegermutter. Bis zu dem Tag, an dem sie selbst in der Hierarchie oben angekommen war, als Oberhaupt der weiblichen Mitglieder innerhalb der Familie, lebte sie in den gleichen Verhältnissen wie die Schwiegertochter. Es war ihr uneingeschränktes Interesse, diese Vormachtstellung nicht zu verlieren oder aufzugeben, während die angeheiratete Tochter nur eines im Sinn hatte, so schnell wie möglich ihren Status zu verbessern und in der „Rangordnung" nach oben zu rücken.

Nachdem die Lilienfüße sich gesellschaftlich etabliert hatten, wurden sie fester Bestandteil des chinesischen Familiensystems – ein Teufelskreis, aus dem es kein Entrinnen gab: Die familiären Strukturen „verlangten" nach Frauen mit gebundenen Füßen, damit sie ihre Aufgaben erfüllten; diese wiederum, körperlich daran gehindert, es anders zu tun, übernahmen diese Machtstrukturen und stärkten ihrerseits das System, indem sie den Brauch von Generation zu Generation tradierten (ebd.:15). Eine Ablehnung dieser Sitte konnte natürlicherweise kaum aus den inneren Strukturen heraus entstehen. In den seltensten Fällen „sägt sich der Mensch den Ast ab, auf dem er sitzt"!

5.2 Lilienfüße im Zeitalter des Neokonfuzianismus

„Footbinding" kann also durchaus als eine freiwillige Handlung der Frauen interpretiert werden, ihre Töchter darin zu unterweisen, sich in einer Welt, die von Männern dominiert wurde, durchzusetzen und erfolgreich zu sein. Diese aufoktroyierte Ordnung wirkte durch zweierlei Mechanismen zwischen Mutter und Tochter: Nach außen unterwies es die Tochter darin, ihrem Körper und seinem künstlichen Produkt zu huldigen, ihn zu ehren und somit im Dienste des neokonfuzianischen Familiensystems zu bestehen (Blake 1994:676). Nach innen dienten die Lilienfüße der Erinnerung an die Mutter, abgebildet wie eine Tätowierung auf dem eigenen Körper, die den Töchtern zeigte, welchem Weg sie zu folgen hatten: Dem Weg ihrer Mütter!

Frauen unterstützten einerseits und untergruben andererseits so durch „Footbinding" das neokonfuzianische Verständnis und den damit verbundenen Anspruch der Gesellschaft zivilisiert zu sein (ebd.:676). Ein hoch spezialisiertes Familiensystem mit klaren Strukturen und Rangordnungen, funktionierend wie ein Zahnrad, galt als ein Zeichen höchster Zivilisation, besonders gegenüber den tribal[64] organisierten Völkern an der Peripherie. Kaum zu vertreten dagegen der Brauch, den Töchtern die Füße zu verkrüppeln: Ein Zeichen von Barbarei. Lilienfüße wurden zu einem janusköpfigen Kulturgut, dem sich, wie wir bereits erfahren haben, die Mandschus verzweifelt entledigen wollten, um als Hochkultur bestehen bleiben zu können.

FRED C. BLAKE versucht in seinem Aufsatz *„Foot-binding in Neo-Confucian China and the Appropriation of Female Labor"* eine Erklärung dafür zu finden, wie das Wechselspiel zwischen den männlichen Erwartungen und Wünschen und dem ökonomischen Wert der Frau von statten ging. Immerhin hatten Frauen feste Aufgaben im Leben. Eine lag in der Erwartung, Nachkommen zu zeugen, andere in Tätigkeiten, die Teil der wirtschaftlichen Produktion waren, wie das Weben und die Seidenstickerei. Beides war substanziell für den Erhalt der Familie und ihr Einkommen. Frauen fertigten also nicht nur Kleider und Schuhe für ihre Familien, sondern lieferten mit ihren männlichen Nachkommen, den künftigen Arbeitskräften, einen wichtigen Beitrag zur chinesischen Ökonomie (Blake 1994:700).

Nach BLAKE steht „Footbinding" in erster Linie für das feminine Selbstverständnis der Frau, welches aufgrund des initiatorischen Charakters der Sitte für ein exklusives, nur den Frauen vorbehaltenes, Lebensgefühl stand. „Footbinding" mutierte zu einem stummen Ausdruck des permanenten Wettstreits von Frauen und Männern in der vom Neokonfuzianismus geprägten Welt. Es entstand mit der Sitte der Lilienfüße ein Mikrokosmos, der den gleichen Regeln und Gesetzten folgte, wie die Welt um ihn herum und dennoch blieb er der anderen Hälfte der Bevölkerung, den Männern, verborgen und rätselhaft – die besten Voraussetzungen für die Entstehung eines gesellschaftlichen Tabus. Man schrieb und dichtete über Lilienfüße, verehrte sie ins Unermessliche, ließ sie zu einem fundamentalen Entscheidungskriterium für die Fähigkeiten einer Frau werden und gleichzeitig blieben sie den

---

64 tribal, in „tribes", Stämmen organisiert. Stammesstrukturen gelten zwar innerhalb ihres Clans als hierarchisch und zentralisiert, zeigen aber häufig kein Nationengefühl auf. Stammesstreitigkeiten und ethnische Konflikte verhindern oft die Bildung eines gemeinsamen Staates.

Männern unzugänglich, verborgen – ein Mysterium. Einzig der Ehemann hatte vielleicht das Glück, die Lilienfüße einmal unverhüllt zu sehen.

BLAKE bezieht sich bei seiner Analyse auf das Model des „*Mindful Body*[65]", welches von den beiden amerikanischen Anthropologen NANCY SCHEPER-HUGHES und MARGARET LOCK benutzt wurde um sich dem ethnomedizinischen Verständnis des menschlichen Körpers zu nähern. Demnach ist der Körper kein rein physiologisch auf biologischer Ebene funktionierender Organismus, sondern als Einheit ein durchaus von seiner kulturellen Umwelt geprägtes Objekt. Für die gebundenen Füße bedeutet dies, dass sie vor allem ein von äußeren Einflüssen abhängiges, gar konstruiertes Phänomen darstellten. Lilienfüße brauchten die entsprechenden kulturellen Rahmenbedingungen, in welchen sie „gedeihen" konnten. Sie wurden von Frauen erschaffen und tradiert, aber unter Umständen und einer Umwelt, die sie vielleicht nicht selbst gewählt hatten. Als Frau in Zeiten des Konfuzianismus hatte man in erster Linie den Idealen und den Vorstellungen des Mannes zu entsprechen und musste diese erfüllen. Die Frau „gehörte" praktisch dem Mann, war sein Eigentum[66].

„Footbinding", so BLAKE, ist nach der Theorie des „*Mindful Body*" als feminines Selbstverständnis der Frau eine eiserne Disziplin, die von Müttern an ihre Töchter im Namen der mütterlichen Liebe und der töchterlichen Tugendhaftigkeit weitergegeben wurde. Mit dem Brauch der gebundenen Füße haben Mutter und Tochter dafür gesorgt, dass sich der widerspenstige

---

65 „Mindful Body" nach Nancy Scheper-Hughes und Margaret M. Lock (1987) ist eine anthropologische Abhandlung über den Körper als dreidimensionales Konstrukt. Der Körper (Body) ist vielmehr ein sozialer Organismus als eine biologische Einheit und lässt sich in „individual body", „social body" und „body politic" aufteilen.

66 *Vgl. Gao, Hong-Xing 2007, S. 111.* Im Original lautet die Übersetzung: „*Im Zeitalter der konfuzianischen Sittenlehre stand der Mann im Zentrum der Gesellschaft, Frauen dienten von Kopf bis Fuß dem Manne als Spielzeug und sollten ihm optisch und intellektuell gefallen [pleasing to the eye and the mind 赏心悦目]*" [...] "*Im alten China des Konfuzianismus waren Frauen „Untergebene" des Mannes; sein privates Eigentum. Aus diesem Grund musste man dafür sorgen, dass sie verborgen blieben*".
在以男性为中心的社会, 在礼教深严的时代, 女子从头到脚都是供男子赏心悦目的玩物. [...] 礼教下的古代中国, 女子是男子的附属品, 是男子的私人财产, 既然是私人财产, 就有必把她藏起来.

kleine Körper eines Mädchens allmählich zur Frau wandelte, die achtsam ihrem Schicksal in einer Welt der Opfer und Pflichten entgegentrat (Blake 1994:677). Lilienfüße symbolisierten die Fähigkeit der Kontrolle der Frau über sich und ihren Körper – ein Ausdruck seelischer und körperlicher Kraft in einer weitgehend unterdrückten Umwelt. Diese Ansicht vertritt auch DOROTHY KO in ihrem Buch „*Teachers of the Inner Chambers*". Gebundene Füße waren der Ausdruck für die Unterdrückung und Einschränkung der Frau im männlich-zentrierten chinesischen Familiensystem (Ko 1994:148). Dabei wurde „Footbinding" zu einem wichtigen Teil der Sozialisation der zentripetalen Frau, welche die konfuzianischen Ideale hochhielt, und zum kulturellen Mittelpunkt in ihrem Leben, besonders da sich der Brauch ausschließlich im persönlichen Boudoir[67] abspielte. Diese Separation war unerlässlich[68]. Das Alter, in dem Mädchen in der Regel die Füße gebunden wurden, stimmt mit dem Alter überein, in dem Jungen die weiblichen Gemächer verließen und in den so genannten „*Lineage Schools*"[69] aufgenommen wurden oder privaten Unterricht bei einem Tutor erhielten (ebd.:149). In diesem Alter, so

---

67 „Boudoir" ist der Name für das weibliche Schlafgemach, in welches sich die Frau zurückziehen konnte.

68 *Vgl. Gao, Hong-Xing 2007, S. 111. Im Original lautet die Übersetzung: Im Auftrag, das Privateigentum zu sichern, ist es nur natürlich, dass [frau] sich ruhig und passiv verhält und dieses [Verhalten] weibliche Werte verkörperte [...] Es existieren eine Menge Schriften in den klassischen antiken Büchern, die beschreiben, dass Frauen selten ihre Gemächer verlassen. Deshalb wurden Frauen mit gebundenen Füßen immer als tugendhaft angesehen und als Idealbild der Frauen betrachtet. Es ist ganz einfach so: Waren ihre Füße erst einmal gebunden, war es unbequem für sie umherzulaufen. Das ist der Grund dafür, weshalb sie ruhig zu Hause bleiben müssen. Dies wurde klar dargestellt im „Handbuch der Frauen".* „*Der Grund dafür, dass Frauen ihre Füße binden, liegt nicht darin, ihren Körper gekrümmter zu machen, sondern sie davor zu bewahren, heraus zu gehen". In Volksliedern heißt es: „Binde deine Füße, Binde deine Füße, es wird dir verbieten aus der Haustüre zu gehen".*
为了确保私人财产 的安全，女子自然以娴静为美德 [...] 古书中赞美女子的品德时往往说她 "便 出闺门"，缠足恰好能将女子变成礼教规范下的贤淑女子的模样，因为一经缠足，足小难行，然好 处深闺了.《女儿经》明 确指出之所以要缠足，"不是好看如弓曲"，而是 "恐她轻走出外"，苑歌谣 说："裹上脚，裹上脚，大门以外不许走匝.

69 Als „Lineage School" bezeichne ich die Schulen, die von der Familie, Sippe oder lokalen Gemeinde finanziert wurden. Jungen wurden in der Regel auf diese Schulen geschickt, Mädchen erhielten (wenn überhaupt) Unterricht zu Hause.

glaubten damals die Chinesen, bekommt das Kind die Fähigkeit „die Dinge zu verstehen" (*dongshi* 董事). Der von BLAKE zitierte „*Mindful Body*" scheint sich in diesem Alter herauszukristallisieren und entspricht in etwa der konfuzianischen Tradition des „*xiushen*" (修身), der Vervollkommnung (Blake 1994:679). „Footbinding" unterstützte somit die neokonfuzianische Doktrin der zwei geschlechtlichen Sphären[70]. In diesem Mikrokosmos lernten Frauen, dass ihnen als „*neiren*" (內人) die inneren und geheimen Angelegenheiten des Haushalts oblagen, während der Mann sich den äußeren (外) und öffentlichen (公) Interessen widmete (Blake 1994:683). So konnte die Trennung der unterschiedlichen Lebensbereiche, ursprünglich aus dem „*Buch der Riten*" (礼记 *Lǐjì*) entlehnt, als neokonfuzianische Doktrin in das alltägliche Leben integriert werden. Dass sich hieraus auch der erotische Aspekt ableitet, ist selbstredend. Die klare Trennung zum Mann, sowohl durch die Ausgrenzung der Männer beim Ritual, als auch die vollständige räumliche Trennung schufen einen Ort voller Geheimnisse, in dem sich die Frauen sicher und bestimmend fühlten. So wurden die Lilienfüße zum Inbegriff erotischer Männerfantasien, welche die Frauen gleichermaßen mit Stolz bedienten[71]. Die Dichotomie der chinesischen Frau zeichnete sich von da an folgendermaßen ab: Sie war die moralische Wächterin konfuzianischer Tugenden und geheimnisumwobenes Sexualobjekt. Diese Inkongruenz funktionierte wunderbar hinter den Mauern

---

70 Vgl. Gao, Hong-Xing 2007, S. 109. Im Original lautet die Übersetzung: „*Der Unterschied zwischen Mann und Frau wird auch in der sozialen Arbeitsteilung widergespiegelt. Der Mann positioniert sich sozial mit der Tätigkeit „nach Außen zu gehen", während die Frau „innen" [zu Hause] bleibt. Von Frauen [...] wurde verlangt, nicht aktiv außerhalb des Hauses aufzutreten. [...] In der Annahme, die „Autorität des Mannes aufrechtzuerhalten", müssen Frauen dem Vater zu Hause gehorchen, dem Ehemann nach der Heirat und dem Sohn, wenn der Ehemann gestorben ist. Sie sollten unerkannt bleiben und unsichtbar werden in der Gesellschaft*".
男女有别还表现在社会分工上，男主外女主内，女子 [...] 不许走出家门，更不准在社会上抛头露面 [...] 从而确保 "夫为妻纲"，确保女子 "在家从父，既嫁从夫，夫死从子.

71 Vgl. Gao, Hong-Xing 2007, S. 111:
男子的好恶影响到女子的幸福，女子为了得到男人的欢心，只能忍痛缠足。
„*Die Vorlieben [Präferenzen] der Männer haben Einfluss auf das Wohlbefinden der Frau. Im Auftrag, dem Manne zu gefallen, haben Frauen die Schmerzen der gebundenen Füße mit Würde zu ertragen*".

des konfuzianischen Familiensystems. Das gekonnte Agieren zwischen der inneren und der äußeren Welt, der weiblichen und männlichen Sphäre lernte das Mädchen im permanenten Zusammenleben mit seiner Mutter und im lange währenden Prozess des Füßebindens. Nach außen basierte dieses neue Selbstbewusstsein auf der Abhängigkeit gegenüber der männer-dominierten Welt und nach innen auf der Fähigkeit, eine gewisse Kontrolle über sein eigenes Schicksal und das der Menschen zu haben, an die es gebunden war (Blake 1994:683). Die Abhängigkeit einer Frau von ihrer Familie manifestierte sich in den verkrüppelten Füßen. Wie wir im vorherigen Kapitel erfahren haben, stützte sich das Leben einer chinesischen Frau auf drei Männer: Ihren Vater, ihren Ehemann und ihren Sohn. Wenn ihre gebundenen, verkrüppelten Füße die Frau schwach und verletzlich erscheinen ließen und sie deshalb von der Gunst der drei Männer abhängig schien, so trugen die Lilienfüße dennoch dazu bei, den Schein zu wahren und erhebliche Kontrolle der Frau über sich und diejenigen, in deren Abhängigkeiten sie sich bewegte, auszuüben (ebd.:683). „Footbinding" funktionierte also auf drei Ebenen in der konfuzianischen Familie:

Erstens als Ausdruck der weiblichen Sozialisierung und als Sinnbild eines konfuzianischen Ideals, zweitens als zentrales Kulturgut im Leben einer Frau und drittens als Symbol für die Befriedigung erotischer Männer-Phantasien.

6. Am Anfang war das Ritual

Auch wenn der Brauch der gebundenen Füße bisher nicht in Verbindung mit „Initiation" gebracht worden ist, so sehe ich von Seiten der Ethnologie eindeutig Parallelen zum Phänomen der Reiferiten. Als Initiation versteht man generell „eines der wichtigsten Rituale, welches den Eintritt in eine neue Lebensphase markiert[72]". Der Eintritt erfolgt im Sinne von „*inire*" (lat. hineingehen, beginnen) und in der Regel in zeremonieller Weise (Ausserer 2003:88). Rituelle Handlungen sind nicht zwingend an Religion oder religiöse Handlungen gekoppelt, tauchen aber häufig in Gesellschaften mit animistischen[73] Vorstellungen auf.

Der französische Ethnologe ARNOLD VAN GENNEP[74] (1873–1957)[75] hat erstmals 1909 den Versuch unternommen, Riten zu klassifizieren und sie in seinem Klassiker „*Les Rites de Passage*" systematisch zu bearbeiten (Ausserer 2003:89ff). Nach VAN GENNEP umfasst jede Gesellschaft mehrere soziale Gruppierungen, die sich durch Autonomie und Abgrenzung zu anderen definieren. In unserer modernen Welt ist meist nur noch die Trennung zwischen der säkularen und der religiösen Welt gegeben oder auch zwischen dem Profanen und dem Sakralen (van Gennep 1981:13). Säkulare Gruppen wie Finanzwelt, Arbeiterklasse und Adel sind in fast allen Nationen und Staaten vorhanden und sind wiederum aus kleineren Untergruppen zusammengesetzt. In der Regel erfolgt ein Übergang in die andere Gruppe unter bestimmten Voraussetzungen, die meist ökonomischer oder intellektueller Natur sind. Ein Wechsel von der profanen in die sakrale Welt, verläuft aber unter anderen Kriterien: Ein Laie, der Priester werden möchte, muss ganz andere, neue Handlungen (Zeremonien) abhalten – es scheint, dass ein Übergang von der profanen zur sakralen Welt nicht ohne Zwischenstufen erreicht werden kann (ebd.:14). In Gesellschaften, bei denen das Sakrale fast sämtliche

---

72 *Vgl. Reimer 1999: Wörterbuch der Völkerkunde, S. 186.*

73 Animismus: Personifizierung der Seele in allen Erscheinungsformen der Natur. *Vgl. 1999 Reimer: Wörterbuch der Völkerkunde, S. 25.*

74 Siehe Abb. 9.

75 Arnold van Gennep gilt als Pionier in der Untersuchung und Klassifizierung von Riten.

Lebensbereiche tangiert, sind solche Übergänge durch bestimmte Riten markiert, die sich auch bei uns in Form der Taufe oder Priesterweihe finden. Eine andere Gruppenbildung, die sowohl in unserer Gesellschaft als auch allen anderen vorkommt, ist die der Generationen und Altersklassen, neben der vorherrschenden Gruppe der beiden Geschlechter. So gibt es auch Rituale, die im ersten Moment nichts mit der sakralen Welt zu tun haben, bei genauer Betrachtung aber dennoch an animistische Vorstellungen geknüpft sein können. Wünsche, Hoffnungen, Sehnsüchte werden in rituelle Handlungen, Gebete oder Gebote gepackt, die ein bestimmtes Ziel zur Folge haben sollen.

In jeder Gesellschaft folgt das Individuum dem Ablauf des Lebens auf die gleiche Weise: Es wird geboren, wird älter und wird eines Tages sterben. Diesen Weg beschreitet der Einzelne, indem er von einer Altersstufe zur nächsten wechselt (ebd.:15). Das Leben des Menschen erfolgt in Etappen und zu jeder einzelnen Etappe – Geburt, Pubertät, Elternschaft, beruflicher Aufstieg – gehören bestimmte Rituale, deren Ziele identisch sind: sie sollen den Einzelnen von einer Gruppe zur nächsten geleiten und den Übergang markieren. Nicht nur das Ziel ist identisch – auch die Mittel, es zu erreichen, müssen zwangsläufig analog sein (ebd.: 15). Am Ende hat sich das Individuum verändert, wenn es mehrere Etappen hinter sich gelassen und somit auch soziale Grenzen überschritten hat. Zeremonien, die das Erwachsenwerden oder den Lebenszyklus der Menschen begleiten, gleichen oft den Abläufen in der Natur, von denen der Mensch nicht unabhängig ist. Zu den Übergangsriten zählen somit auch jene, die sich auf kosmische Veränderungen beziehen, wie der Jahreswechsel oder auch von einer Jahreszeit zur nächsten (Tagundnachtgleiche).

Da es viele unterschiedliche Riten gibt, hat VAN GENNEP sie in einer schematischen Darstellung zusammengefasst, um sie später besser einordnen und bestimmen zu können (van Gennep 1981:16ff)[76]:

Animistische Riten

Sympathetische Riten	Kontagiöse Riten
Positive Riten	Negative Riten
Direkte Riten	Indirekte Riten
Dynamistische Riten	

---

76 Vgl. 1981 van Gennep: Les rites de passage, S. 19.

Bei den animistischen und dynamistischen Riten handelt es sich um solche, die entweder persönlicher Natur sind, d.h. durch einen Schamanen (animistisch) durchgeführt werden, oder sie sind unpersönlicher Natur (dynamistisch). Die sympathetischen und kontagiösen Riten unterscheiden sich dadurch, dass letztere auf dem Glauben basieren, „dass natürliche und erworbene Qualitäten stofflicher Art und übertragbar sind", während die sympathetischen Riten „auf dem Glauben an die Wirkung des Gleichen auf das Gleiche [...], des Wortes auf die Tat" basieren. Positive und negative Riten sind in Handlungen umgesetzte Willensäußerungen oder Verbote und die direkten und indirekten unterscheiden sich dadurch, dass erstere durch einen Fluch, Zauber oder Wunsch ihre Wirkung entfalten und letztere durch die Anrufung einer höheren Instanz (Gebet, Gelübde) zu Gunsten des Initiierten handeln (ebd.:18). Es ist möglich, dass ein Ritus gleichzeitig vier Kategorien angehören kann und es insgesamt 16 verschiedene Möglichkeiten gibt, einen Ritus einzuordnen.

Es wäre also möglich zu behaupten, dass eine Frau, die ihrer Tochter die Füße in der Hoffnung bindet, sie damit prestigeträchtig verheiraten zu können, einen *animistischen, sympathetischen, direkten* und *positiven* Ritus durchführt. *Animistisch*, weil die Mutter den Ritus persönlich durchführt, *sympathetisch*, weil sie an die Wirkung glaubt, *direkt* und *positiv*, weil es sich um eine in Handlung umgesetzte Willensäußerung handelt.

Riten stellen einen Übergang von einem Zustand zum nächsten dar, was VAN GENNEP als Übergangsriten, *„rites de passage"* bezeichnet, die sich bei genauer Betrachtung in Trennungsriten, Schwellenriten und Eingliederungsriten teilen (ebd.:21). So ist einleuchtend, dass Zeremonien anlässlich einer Hochzeit zu den Trennungsriten zählen, da eine Ablösung (vom Elternhaus) stattfindet, während Initiationsriten häufig zu den Umwandlungsriten (auch Schwellenriten) gezählt werden. Demnach sind für VAN GENNEP Übergangsriten jene, die „räumliche, soziale oder zeitliche Übergänge sowohl begleiten als auch gewährleisten und kontrollieren". VAN GENNEP untersuchte magisch-religiöse Riten und Handlungen. Entscheidend für ihn war bei seiner Analyse, dass das soziale Leben einer ständigen Dynamik unterliegt, die damit zu kämpfen hat, dass Menschen Ort, Alter, Status und Beruf wechseln (Ausserer 2003:89). Die statische Ordnung der Gesellschaft werde durch dieses unstete Wandeln gefährdet und die Menschen versuchten, durch Rituale, „die Veränderungen, die beim Wechsel von einer Kategorie in eine andere entstehen, zu überwachen und zu reglementieren, damit die Gesellschaft keinen Schaden nehme" (ebd.:89).

Nach VAN GENNEP hat sich VICTOR TURNER (1920–1983)[77] den Übergangsriten angenommen und VAN GENNEPs Strukturschema erweitert (ebd.:91). TURNER versteht unter dem Ritual in erster Linie einen aktiven, dynamischen Prozess, dessen Aufgabe es ist, die Gesellschaft zu reorganisieren und sich im Anschluss neu zu formieren (ebd.:91). Konkret bedeutet das: Während der Zeit des Rituals entsteht eine Anti-Struktur zur alltäglichen Gesellschaft. Es ist eine Zeit der Aufhebung und Umkehr, aus der sich die „Struktur" erneuert und stabilisiert. In dieser Schwellenphase ist der Initiierte von seiner sozialen Umgebung getrennt, besitzt keinen Status und ist sozusagen strukturlos (ebd.:92). Struktur wird in einer Gesellschaft durch Sprache, Gesetz und Brauch oder Traditionen vorgegeben. Sie reicht von der Vergangenheit bis in die Zukunft. Der Initiierte im Schwellenzustand ist nicht Teil dieser Struktur. Nach der Initiation, welche antagonistisch zur restlichen Gesellschaft steht, kehrt das Individuum zurück zur strukturgebenden Gesellschaft (ebd.:93). Initiationen illustrieren Übergänge im sozialen Leben und sollen verdeutlichen, dass der Betroffene noch „unvollkommen" ist. Erst wenn der Übergang erfolgreich abgeschlossen ist, kehrt der Einzelne als „gereift" in den Schoß der Gesellschaft zurück.

6.1 Initiationen – eine besondere Form der Übergangsriten

Heute wird der Begriff „Übergangsriten"[78] fast ausschließlich für Riten des Lebenszyklus benutzt, während man „Initiation" für Adoleszenzrituale[79] gebraucht. Dies führte mitunter zu Problemen, da viele Autoren von der Vorstellung besessen waren, dass Initiation und Pubertät immer zusammenfallen und alle Initiationszeremonien ihren Anfang bei der physiologischen

---

77 Victor Whitten Turner, einflussreicher britischer Ethnologe.
78 „Übergangsriten" ein von van Gennep eingeführter Begriff für eine Kategorie von Riten, die den Übergang eines Menschen von einem Daseinszustand, Status oder Lebensabschnitt in den nächsten kennzeichnen. *Vgl. Reimer 1999: Wörterbuch der Völkerkunde*, S. 388.
79 „Adoleszenz", die Lebensphase eines Menschen deren Beginn das Einsetzen der Geschlechtsreife markiert. *Vgl. Reimer 1999: Wörterbuch der Völkerkunde*, S. 11.

Pubertät nehmen. Hier ist entscheidend zu verinnerlichen, dass die physiologische Pubertät nicht gleichzusetzen ist mit der sozialen Pubertät und selten in gemeinsamen zeitlichen Rahmen fällt. So macht sich bei Jungen und Mädchen die Pubertät durch eindeutige körperliche Anzeichen bemerkbar: Bei Mädchen das Wachsen der Schambehaarung und der Brüste sowie die erste Menstruation und bei Buben das Wachsen des Bartes und der Stimmbruch. Es wäre nun einfach, den Übergang von der Kindheit zum Erwachsenwerden mit diesen körperlichen Veränderungen gleichzusetzen. Aber „im wahren Leben" kristallisiert sich häufig heraus, dass die Angehörigen verschiedener Kulturen ihre Riten nicht unbedingt zu diesem Zeitpunkt durchführen. Das ist nachvollziehbar, denn nichts ist so unstet wie der Zeitpunkt der Pubertät. Die erste Menstruation variiert von Individuum zu Individuum, die Altersschwankungen sind groß (van Gennep 1981:71). Aus diesem Grund sollten Initiationsriten auch nicht als Pubertätsriten bezeichnet werden, da in manchen Fällen die soziale Pubertät der physiologischen vorausgeht, beispielsweise in Indien, wo schon Kinder verheiratet werden können.

Die meisten Initiationsriten fallen bei näherer Betrachtung daher auch in die Kategorie der Trennungsriten bzw. Angliederungsriten, da sie eine Ablösung der asexuellen Kindheit zur sexuellen Welt definieren und in die voneinander strikt getrennten Geschlechtsgruppen integrieren. Gerade bei Mädchen ist dies der Fall, da ihre sozialen Tätigkeiten häufig weniger differenziert innerhalb der Gesellschaft betrachtet werden, als die der Männer. Es sollte deshalb, empfiehlt VAN GENNEP, bei der Einordnung von Riten grundsätzlich zwischen physiologischer und sozialer Pubertät unterschieden werden, so wie allgemein auch zwischen sozialer und physiologischer Verwandtschaft unterschieden wird (ebd.:73).

Körperliche Pubertät spielt selten den Hauptgrund für Zeremonien bei Jungen. Die Riten, die vermeintlich während des Zeitraumes der Pubertät stattfinden, hängen meistens mit dem jeweiligen Beruf, den die Knaben erlernen wollen, zusammen und finden daher zwischen dem 12. und 16. Lebensjahr statt (ebd.:73). Initiationsriten in China beziehen sich fast ausschließlich auf die „soziale Pubertät" (ebd.:74). Ebenso verdeutlicht die offensichtlich in unterschiedlichem Alter vollzogene Beschneidung (Zirkumsion) der Mädchen, dass es sich hierbei um ein „Ritual von sozialer, nicht psychologischer Bedeutung handelt" (ebd.:75).

Der Übergang, der durch Initiation eine Änderung im sozialen oder religiösen Status des Individuums nach sich zieht, kann vom Kindes- zum Erwachsenenalter sein, verbunden mit der jeweiligen Gender-Rolle, die das Individuum vertreten wird (Guter 1999:186). Seltener kann eine Initiation aber auch den Eintritt in Bünde oder Geheimgesellschaften ebnen (ebd.:186). Eine Initiation dient häufig auch dazu, bestehende Autoritätsbeziehungen zu festigen oder gar zu legitimieren (Alters-, Geschlechter- oder Verwandtschaftsgruppen). In der Ethnologie hat man die Initiation stets als ein besonders wichtiges Ereignis innerhalb der untersuchten Gesellschaften angesehen.

Wenn wir demnach Lilienfüße als Reiferitus einordnen wollen, müssen wir beachten, dass im Falle von klassischen Übergangsriten bestimmte Merkmale vertreten sein müssen, die per definitionem eine Initiation ausmachen. Folgende Komponenten haben alle Initiationsrituale gemeinsam[80]:

1. Die Initiandin stirbt symbolisch oder wird durch **Seklusion**[81] von der Gemeinschaft isoliert.
2. Die Initiandin macht eine **Änderung ihres sozialen Status** durch. Sie kehrt als Erwachsene oder „Neugewordene" in die Gemeinschaft zurück.
3. Die Initiandin muss sich einer **Veränderung ihres Körpers** unterziehen (Beschneidung, Ausschlagen der Zähne, Tätowierungen und Schmucknarben als bekannte Varianten). Der/die Initiierte unterscheidet sich also durch äußere Merkmale von Nicht-Initiierten.
4. Der Vorgang der Körperverstümmelung geht in den meisten Fällen mit großer **Angst und starken Schmerzen** einher. Die Initiandin muss über sich hinauswachsen.
5. Vor und während der Initiation wird der Initiandin **kulturspezifisches Wissen** beigebracht, welches von Wichtigkeit in ihrem neuen Leben sein wird.

Mit Hilfe dieser Merkmale und der von VAN GENNEP aufgestellten Klassifizierung können Bräuche, Zeremonien und Riten unter ethnologischen

---

80 *Vgl. 1999 Reimer: Wörterbuch der Völkerkunde, S. 186.*
81 Unter Seklusion versteht man den Ausschluss oder die vorübergehende Ausgliederung der Initiandin aus ihrem Alltagsleben und dem damit verbundenen sozialen Gefüge. Sie symbolisiert die Trennung von der alten Welt zur neuen Welt bzw. die Statusänderung der Mädchen.

Gesichtspunkten eingeordnet werden. Damit ergibt sich ein neuer Ansatz, das Phänomen der gebundenen Füße in China unter diesem Gesichtspunkt zu betrachten.

Lilienfüße sind eine rein weibliche Domäne gewesen, daher möchte ich kurz auf die Rituale von Mädchen eingehen. Mädchenrituale sind in der Ethnologie selten untersucht worden. Man versuchte dieses Defizit auf verschiedene Weise zu erklären. Ein Grund war, dass männliche Initiationsrituale weiter verbreitet seien und als Gruppeninitiation außerdem für Ethnographen leichter ersichtlich seien (ebd.:94). Dagegen spricht, dass Mädchenrituale individuelle Riten sind und deshalb öfter vorkommen. Das soll heißen, sie finden nicht in Gruppen statt, wie dies in traditionellen Gesellschaften bei den Initiationsriten der Jungen der Fall ist. Die Mädchen sind in der Regel allein. Dass sie öfter stattfinden, schließe ich aus dem Umstand, dass beispielsweise in einem Dorf alle Jungen an einem Tag gemeinsam initiiert werden, während Mädchen einzeln an unterschiedlichen Tagen – wobei im Falle der Beschneidungszeremonien in Afrika häufig alle Mädchen eines Dorfes, egal welchen Alters, am gleichen Tag beschnitten werden, weil die Beschneiderin nur an diesem Tag im Ort ist.

Sicherlich stimmt, dass es für männliche Ethnologen schwieriger war und auch ist, weiblichen Initiationen beizuwohnen, da Männer meist nicht zugelassen sind. Kontrovers bleibt auch im Falle der Mädchenrituale, ob der Begriff der „Initiation" – ursprünglich für männliche Adoleszenzriten benutzt – adäquat gebraucht werden kann. Während männliche Initiationsrituale die physische Reife oftmals als Ziel haben, ist bei weiblichen Reiferiten die körperliche Entwicklung meist eine Vorbedingung[82] – aber kein Muss (ebd.:96). Wie bei den männlichen Initiationen, bei denen der Junge am Ende ein vollständiges Mitglied der Gruppe der Jäger in seinem Dorf wird, werden Mädchen bei den erwähnten Adoleszenzriten, deren Basis die Pubertät oder ein bestimmter Zeitpunkt körperlicher Entwicklung markieren kann, zur vollständigen Frau in ihrer Gesellschaft.

Für die Lilienfüße als Initiationsritus könnte dieses Argument von Vorteil sein, denn wir haben es hier definitiv mit einem psychologischen Reifeprozess zu tun, den die Mädchen durchlebten und sie – nicht im biologischen

---

82 Beispielsweise die Menarche, die erste Menstruationsblutung.

Sinne, sondern in ihrer gesellschaftlichen Rolle – zur Frau werden ließ. Ferner handelt es sich bei weiblichen Initiationen in den meisten Fällen um eine Heiratsvorbereitung oder eine Vorbereitung und Anleitung für die Ehe (Ausserer 2003:97). Auch dieser Aspekt spielt eine wichtige Rolle, wenn wir die gebundenen Füße als eine Form des Reiferitus chinesischer Mädchen begreifen wollen.

Mädchenrituale so JUDITH K. BROWN in ihrer „*Cross-Cultural Study on female Initiation rites*" beinhalten Zeremonien für Mädchen innerhalb ihrer Gesellschaft, die für sie obligatorisch sind und häufig zwischen dem Kindes- und Jugendalter stattfinden (Brown 1963:838). Solche Riten unterscheiden sich stark und sind je nach Ethnie sehr unterschiedlich. In manchen Fällen ist die Initiandin isoliert oder sie steht im Mittelpunkt der Aufmerksamkeit. Manchmal ist der Anlass mit einem Festmahl und rituellen Speisen oder aber die Initiation geht mit Fasten einher (ebd.:842). Auch die jeweiligen Sanktionen könnten unterschiedlicher nicht sein: Einige versprechen große Erfolge bei Akzeptanz, andere drohen mit furchtbaren Konsequenzen, wenn man sich widersetzt. Eine Initiation kann Jahre der Vorbereitung in Anspruch nehmen und über Monate hinweg dauern, andere können schnell und ohne großen Aufwand vollzogen werden (ebd:842).

Interessant ist BROWNs Ergebnis, dass die Art und Weise der Initiationsriten grundsätzlich nicht in Verbindung stehe mit der Wohnsitzregelung (patrilokal vs. matrilokal) der jeweiligen Kultur, wohl aber, in welchem Umfeld das Mädchen aufwachse (ebd.:847). BROWN geht davon aus, dass schmerzhafte Initiationsriten häufig auf einen „sexuellen Identitätskonflikt" zurückzuführen seien. In der Regel übernehme die Frau die Erziehung der Kinder und häufig seien Kind und Mutter deshalb räumlich nicht getrennt. Es findet folglich eine vollkommene Identifikation mit der Mutter statt. So hat man herausgefunden, dass in Gesellschaften, in denen die Töchter das Bett mit Vater und Mutter teilen (das eigene Kinderzimmer ist eher eine recht neuzeitliche Erfindung[83]), sie sich mit der Rolle beider Erwachsener

---

83 Dass Kinder ein eigenes Zimmer haben ist nicht selbstverständlich. In traditionellen Gesellschaften schlafen die Familien meist zusammen oder zumindest die Mütter mit den Kindern. Selbst in unserer Zeit war es in Schwarzwaldbauernhöfen bis vor ein paar Jahrzehnten normal, dass die Familie in einem Raum gemeinsam schlief.

identifizieren. Während Mädchen, die die meiste Zeit bei der Mutter sind und auch mit ihr das Bett teilen, sich ausschließlich in der Rolle der Frau wieder finden. Eine patrilokal organisierte Gesellschaft, in welcher nach Jahren der weiblichen Prägung die Tochter das elterliche Heim verlässt und in eine neue Familie heiratet, die von „fremden" Männern dominiert wird, kann es folglich zu den erwähnten Identitätsstörungen kommen. Gesellschaften, die eine starke Mutter-Kind-Bindung haben und dazu patrilokal organisiert sind, scheinen häufiger mit sexuell bedingten Identitätskonflikten (*Conflict of sex identity*) zu kämpfen, als solche, deren starke Mutter-Kind-Bindung nicht durch einen Ortswechsel der Tochter beeinträchtigt wird. Somit scheint zwar die Wohnsitzregelung indirekt auch Einfluss darauf zu haben, ob es zu schmerzhaften Initiationsriten kommt, aber BROWN sieht in ihrer Analyse die Bestätigung, dass es der Patrilokalität und einer exklusiven Mutter-Tochter-Beziehung bedarf, weshalb der Initiandin während ihres Übergangsrituals starke Schmerzen zugefügt werden, sei es durch Beschneidung oder Tätowierung (ebd.:843).

Ein weiterer Grund für weibliche Initiationsriten liegt in den jeweiligen wirtschaftlichen Aktivitäten, welche die Frau zur Erhaltung und Unterstützung des Haushalts im späteren Leben beizusteuern hat (Brown 1963:849). Je verantwortungsvoller ihre Rolle und je anerkannter ihr Status in der Gesellschaft ist, umso häufiger werden die Frauen Initiationsriten unterzogen, welche sie auf ihre zukünftige Position in der Gesellschaft vorbereiten sollen (ebd.:849).

Die bekanntesten, ethnologisch untersuchten weiblichen Initiationsriten stammen aus Melanesien[84] und Afrika. In hiesigen Breiten kontrovers diskutiert werden fast ausschließlich Initiationen von jungen Mädchen, die mit der Female Genital Mutilation (FGM) bzw. der Beschneidung der Genitalien einhergehen, da sie auch heute noch in Teilen der Welt praktiziert wird. Kaum beschrieben sind dagegen Initiationsriten aus China. Die wenigen, die auch ARNOLD VAN GENNEP näher untersucht hatte, markierten Änderungen im sozialen Status; meist waren es Rituale, die den Lebenszyklus der Kinder begleiteten.

---

84 Siehe hierzu: *Lutkehaus & Roscoe 1995: Gender Rituals – Female Initiation in Melanesia.*

6.2 Übergangsriten in China

Wenn Lilienfüße, im Zuge eines Initiationsritus an Bedeutung gewannen und in dieser Praxis der eigentliche Ursprung liegen sollte, so stellt sich die Frage nach rituellen Handlungen in China überhaupt und ihrem Stellenwert innerhalb der Gesellschaft. In der klassischen konfuzianischen Staatsstruktur, spielten Riten eine wichtige Rolle, nahezu jeder Lebensabschnitt und viele magisch-religiöse Handlungen wie die Huldigung der Ahnen im Tempel wurden durch strenge Regeln und damit verbundene Rituale begleitet. Den Riten wurde und wird heute noch große Bedeutung beigemessen – sogar in der politischen Kultur (Das große China Lexikon 2007:568). Ursprünglich war man überzeugt, mit der richtigen Vollziehung der Rituale die Politik lenken und sichern zu können. So wurde bereits in der Shang-Dynastie eine bürokratische Ordnung der kultischen Handlung erkennbar, die sich in der Zhou-Zeit zunehmend verstärkte (ebd.:714). In der Annahme, dass die beseelte Welt der Götter und Geister durch entsprechende Opfergaben milde gestimmt werde und somit die Gebete erhört würden, wurde das Ritual zur „hierarchisch organisierten Vertragshandlung", mit der Opfer und Opfernde in die Hierarchie des Staates integriert werden konnten (ebd.:715). Die höchsten Opfer, jene an den Himmel (*tian* 天) sowie an kaiserliche Ahnen, oblagen dem Kaiser selbst. Entsprechend der staatlichen Struktur wurden die rangniedrigeren Rituale an lokale Ebenen delegiert (ebd.:715). So kam es, dass Geister und Beamte auf vorgeschriebenen Plätzen in vorgegebener Reihenfolge agierten. Der Zuständigkeitsbereich für Ritual- und Opferwesen oblag immer schon den höchsten Instanzen des chinesischen Reiches und somit einem eigens dafür ernannten Ministerium. Ein Land, in welchem es folglich ein „Ritenministerium"(礼部 *libu*) gab, zuständig für alle Aspekte des öffentlichen Ritualwesens, sämtlicher Zeremonien und verantwortlich für das Erziehungswesen, spiegelt eine Gesellschaft wider, die mehr von der sakralen Welt durchdrungen war, als man meinen möchte (Das große China Lexikon 2007:338). Das Ritenministerium überwachte unter anderem die legendären Beamtenprüfungen während des Kaiserreichs und observierte Riten und Handlungen im Rahmen der staatlichen Ordnung (ebd.:594).

Wenn folglich ein ganzer Staatsapparat auf die Wirkmächte von Opfern vertraut, so stelle ich mir die Frage, wie stark die Bevölkerung vom Glauben an Götter und den Erfolg von Opfergaben überzeugt war. Während man sich bei uns zu einer Religionsgemeinschaft bekennt, so scheint mir, dass in China eher dem Prinzip *líng* (灵 Wirkmacht) vertraut wird. Man opfert in einem fort, bis das Ziel erreicht ist. Wird es nicht erhört, wechselt man zu einem anderen Gott. Auch der Hausschrein, auf den sich der häusliche Ahnenkult konzentriert, sowie die Bestattungsbräuche[85] belegen, wie sehr die Menschen von diesem Glauben durchdrungen sind. Bräuche und Rituale stellen demnach einen wichtigen Bestandteil des familiären Lebens in China dar.

Nach meinen Recherchen muss ich allerdings feststellen, dass nur wenig – um ehrlich zu sein, fast nichts – über Initiationsriten im speziellen aus China bekannt oder gar beschrieben ist. Die wenigen Beispiele für Rituale sind bei den ethnischen Minderheiten zu finden, die aber für meinen Diskurs über Lilienfüße eher unerheblich sind, da diese Minoritäten ohnehin nicht zum Brauch der gebundenen Füße tendierten. Ich werde mich deshalb auf die Grundzüge von den wenigen beschriebenen Ritualen beschränken und versuchen, verständlich darzulegen, dass im Falle der Lilienfüße in China einem rituellen Muster gefolgt wurde.

Die von VAN GENNEP geschilderten Übergangsriten aus *Fuzhou* (福州) beweisen, dass es in China seit langer Zeit Rituale geben hat, die räumliche Übergänge im Leben eines Individuums darstellten. Ob diese heute noch Bedeutung haben, weiß ich nicht. Ich vermute, dass die chinesische Gesellschaft, was ihre Traditionen betrifft, einem ähnlichen Wandel unterliegt, wie die unsere. Taufe, Kommunion oder Konfirmation werden in Deutschland nicht von jedem praktiziert und sind stark von der persönlichen Lebensweise abhängig.

In China stehen Kinder beiderlei Geschlechts von Geburt bis zum 16. Lebensjahr unter dem besonderen Schutz der „Mutter" (母亲 *mŭqin*), einer Gottheit (van Gennep 1981:61ff). Die Zeremonien wurden für Jungen und Mädchen abgehalten, obwohl Mädchen früher sozial weniger gut gestellt waren. Das erste Ritual fand am dritten Tage nach der Geburt statt, man wusch das Kind zum ersten Mal und begleitete diese rituelle Handlung mit Opfergaben an *mŭqin*. Gleichzeitig wurde dem Baby eine rote Schnur, verziert mit alten Münzen und silbernen Anhängern um beide Handgelenke gewickelt, die ca. 60 cm lang ist und einen Spielraum von 30 cm lies (ebd.:61).

---

85 Mehr zu Bestattungsbräuchen, *Vgl. 2008 Staiger, Friedrich, Schütte: Das Große Chinalexikon S. 81.*

Dieses rote Band wurde nach 14 Tagen durch zwei rote Armbänder ersetzt, die das Kind bis zu einem Jahr tragen konnte. Der damit verbundene Glaube besagte, dass das Kind dadurch gehorsam werde (ebd.:61). Ebenfalls am dritten Tage nach der Geburt hängte die Familie ein Zeichen an die Zimmertüre, welches Fremden den Zutritt verwehren sollte. Das Zeichen bestand aus einem Stoffbündel, welches Hunde- und Katzenhaare, ein Stück Kohle sowie das Mark einer bestimmten Pflanze enthielt. Gekoppelt an die Vorstellung, Hunde und Katzen erschrecken das Kind fortan an nicht mit ihrem Lärm, die Kohle mache das Kind stark und robust und das Mark lasse es glücklich und erfolgreich im Leben werden, blieb das Bündel 14 Tage an der Türe hängen. Am Bettchen des Kindes wurde eine Hose vom Vater gehängt mit den Worten, „alle bösen Einflüsse [mögen] statt in das Kind in die Hose fahren" (ebd.:62). Nach vier Wochen, die in fast jeder Kultur den Zeitraum des klassischen Wochenbettes umfasst, verließen Mutter und Kind zum ersten Mal den Raum und ein Barbier rasiert den Kopf des Kindes (ebd.:62). Bei einem darauf folgenden Fest wurden alle Verwandten und Freunde eingeladen, die voll beladen mit Geschenken und Leckereien die Aufwartung machten. Grundsätzlich – noch heute – sollte man nichts in der Farbe Weiß verschenken, weil sie mit der Trauer assoziiert wird (ebd.:62). In den zweiten und dritten Monaten nach der Geburt machten die Eltern Gegengeschenke an Freunde und Verwandte, um sich für die Unterstützung in den ersten Tagen und Wochen zu revanchieren. Nach vier Monaten erhielt das Kind zum ersten Mal tierische Nahrung, dargereicht von einer „Verwandten, die bei den Riten der Kindheit eine besondere Rolle spielt" (ebd.:62).

Ein besonderes Ereignis stellte das Ende des ersten Lebensjahres für die Familie und das Kind dar. Man nahm ein gemeinsames Mahl ein und legte danach verschiedene Spielsachen vor das Kind, das eines davon als erstes ergreifen wird. Dieses Spielzeug „orakelt" den Charakter des Kindes voraus, den Beruf und den sozialen Status (ebd.:62). Im Laufe der Zeit wird das Kind aktiv an sämtlichen Riten zu Ehren der großen „Mutter" teilnehmen – bis es sein 16. Lebensjahr erreicht hat und man erklärt ihm, wie es sich entsprechend zu verhalten hat. Ein weiterer entscheidender Ritus ist der, in Verbindung mit dem Laufenlernen des Kindes. Dazu wurden symbolische Schnüre zwischen den Beinen zerschnitten.

Bis zum Ende der Kindheit wird nun jährlich ein Ritual vollzogen, welches „Durchgang durch das Tor" heißt (ebd.:63). Mit Unterstützung daoistischer

Priester und der plastischen Nachstellung eines Papiertores von 2 Metern Höhe und bis zu 90 cm Breite wurde die Zeremonie vollzogen (ebd.:64). Alle Anwesenden durchschritten hinter dem Priester das Tor. Am Ende der Zeremonie wurde es zerstört und verbrannt und eine kleine Holzfigur erinnerte fortan an das Kind, zu dessen Anlass man den Ritus vollzogen hatte. Starb das Kind vor seinem 16. Lebensjahr wurde die Holzfigur mit ihm beerdigt (ebd.:64).

Dieses Ritual könnte als ein das Böse abwendendes interpretiert werden. Alles wird auf das Tor übertragen. Diese Form des Übergangsritus′ ist sehr häufig animistischer Natur, wie sie im Daoismus weit verbreitet ist. Das Hindurchschreiten des Kindes in sämtlichen vier Ecken des Raumes, lässt auf eine Zeremonie zum Schutze des Kindes schließen, das die „gefährliche Welt hinter sich" lässt (ebd.:64).

Am Ende des 16. Lebensjahres steht ein ähnliches Ritual, ein Trennungsritus, welcher das Ende der Kindheit markiert. Ab diesem Zeitpunkt unterlag der Junge oder das Mädchen, als herangereifte Person nicht mehr der Macht der „Mutter", sondern aller Götter (ebd.:65). Reverend JUSTUS DOOLITTLE war der Meinung, dass die Zeremonie den Beginn der „Reifezeit" markierte. Wobei der Begriff „Reifezeit" aus meiner Sicht unterschiedlich interpretierbar ist. Er kann durchaus noch den Zeitraum der Pubertät betreffen, aber auch schon mehr auf die seelische Reifung abzielen. Eine eindeutige Zuordnung ist leider nicht möglich.

Es sollte noch erwähnt werden, dass neben den Riten der Kindheit die Rituale im Zusammenhang mit den Geburtstagen, besonders ab dem 50. Lebensjahr, von großer Bedeutung sind und grundsätzlich zeremoniell begangen werden, wobei sie immer den Übergang von einer zur nächsten Phase kennzeichnen (ebd.:66).

Im Bewusstsein des hohen Stellenwerts der persönlichen Riteneinhaltung innerhalb der Familie, besonders unter Berücksichtigung der rein für die Jungen abgehaltenen Rituale in Zusammenhang mit ihrer Erziehung und Schulbildung, ist es durchaus vorstellbar, dass sich die chinesischen Frauen eine eigene Welt der Riten und Zeremonien geschaffen haben. Sie sollten sich auf das Frausein spezialisieren und die sozialen Übergänge im Leben einer Frau markieren. Der Brauch der Lilienfüße, dessen Funktion sich innerhalb des chinesischen Familiensystems als unabdingbar herauskristallisierte, bot die Möglichkeit, gleich mehrere Passagen im Leben der Mädchen zu kennzeichnen:

Erstens markierte der Ritus den physiologischen Übergang, eine Art Pubertät oder körperliche Reife, die sich nach der daoistischen Vorstellung der zu Strömen beginnenden Lebensenergie richtete.

Zweitens wurde der psychische Reifeprozess, welcher mit dem Verstehen und erstmaligen bewussten Reflektieren der Mädchen in Verbindung gebracht wird, durch das Ritual begleitet.

Drittens sollte der initiatorische Übergang vom Mädchen zur Frau markiert werden und auf die künftigen sozialen Verpflichtungen als Ehefrau und Mutter vorbereiten.

In allen drei Fällen erfolgt der Eintritt durch das symbolische „*inire*" und hat gleichermaßen einen Trennungsritus zur Folge. Die Mädchen verlassen den Schoß der Kindheit und lassen einen ersten Lebensabschnitt hinter sich. Es ist für mich deshalb nicht abwegig, vom Füßebinden als einem „*Rite de passage*" im Sinne VAN GENNEPs zu sprechen.

6.3 Physische und psychische Folgen durch Lilienfüße

Das erstmalige Binden der Füße spielte sich nicht in der Öffentlichkeit ab, sondern in den Räumlichkeiten der Frauen (Ko 2002:54). Nachdem von Mutter oder Großmutter ein passender Tag auserwählt worden war, wurde das Mädchen auf die kommenden „Qualen" vorbereitet. In der Regel begann man im zweiten Mondmonat seines siebten Lebensjahres mit dem Prozess des Füßebindens (Wang 2002:5ff). Die Knochen eines fünf oder sechsjährigen Kindes sind noch recht biegsam. Das mag ein entscheidender Faktor für die Auswahl dieses Alters gewesen sein. Doch auch die chinesischen Wertevorstellungen, dass die Lebensenergie (气 qì) erst zu strömen und zu fließen beginnt, ein Mädchen durch die lange, schmerzliche Prüfung zu gehen hat und dabei mental reift, sind wichtige Gründe dafür, dass das Füßebinden im frühen Kindesalter erfolgte (ebd.:6). Die Mädchen, ähnlich den Beschneidungsopfern in Afrika, erlebten durch solch schmerzliche Erfahrungen einen enormen Reifungsprozess. Die Unterstützung durch Ihre Mütter, deren Fürsorge für die kleinen Füße sich auch gegenteilig in Härte und häufigen Schlägen äußerte, um das Kind zum Gehen auf den geschnürten Füßen zu zwingen, manifestierte sich in der janusköpfigen Mutterliebe „*téng*" (疼). Interessant

ist das Schriftzeichen *téng*, welches sehr oft in Verbindung mit den Lilienfüßen gebraucht wird. Es heißt Lieben, sich sorgen und kümmern, aber auch
Hassen und Schmerzen zufügen und es bezeichnet speziell die Fürsorge und
Liebe von Frauen zu Kindern – nicht umgekehrt (Wang 2002:6f). Während
des bis zu zwei Jahre andauernden Prozesses des Füßebindens, beschreibt
téng die Qual und Pein, die Mädchen durchleiden müssen. Es beschreibt
sehr deutlich die Beziehung von Mutter und Tochter während der Zeit des
Füßebindens. Eine Mutter musste ihre Tochter darin unterweisen, was es
bedeutete, Schmerzen zu ertragen – physisch und psychisch (ebd:19). Die
Mutter war es, die sozusagen ihr geheimes Wissen vom weiblichen Überleben
auf den Körper ihrer Tochter übertrug (ebd.:6). Sie reinigte, wusch, massierte
und salbte „liebevoll" die Füße, bevor die Bandagen angelegt wurden. Sie
war es aber auch, die gnadenlose Härte walten ließ, um das Ergebnis einer
„Lilie" zu erzielen. Mütter schlossen ihre Töchter ein, nähten die Bandagen
fest und ließen nicht den geringsten Zweifel am Vorhaben aufkommen. *Téng*
symbolisiert hiernach eine Liebe, die körperlich Schmerzen verursachte, psychisch aber für Stärke und Durchhaltvermögen stand. *Téng* findet sich in
jeder einzelnen Geste der Mutter gegenüber ihrer Tochter.

Nach der rituellen Waschung mussten die Füße zuerst von der Hornhaut
befreit und die Fußnägel kurz geschnitten werden, um ein Einwachsen und
Infektionen zu vermeiden (ebd.:9). Nach dieser Prozedur wurden die vier
kleineren Zehen mit festen Bandagen unter den Fuß gebunden. Die Ferse
wurde durch festes Schnüren so nah wie möglich an die Sohle gedrückt, so
dass nach zwei Jahren der gewölbte Rist einen tiefen Spalt in der Fußsohle
hinterließ[86]. Während der gesamten Zeit wurden in regelmäßigen Abständen
von ungefähr zwei Wochen die Bandagen komplett erneuert und fester, enger
zusammen-gebunden. Mit jedem Mal verringerte sich die Größe des Fußes,
was unterstützt wurde durch das Tragen von jeweils kleineren Schuhen. Im
Verlauf konnten die vier kleinen Zehen brechen, was durchaus erwünscht
war, weil sich dadurch die Zehen leichter an die Sohle pressen ließen. *Im*
„Handbuch für die Mutter" steht: „Wenn die Füße nicht faulen, werden sie
nicht klein". Manche gingen sogar so weit, absichtlich das Fleisch ihrer Füße
zu verletzen, indem sie kleine Steine oder Keramikscherben in die Stoffbinden

---

86 Siehe Abb. 10.

legten[87] (Gao 2007:62). Die Form, die ein richtiger Lotusfuß zu imitieren versuchte, sollte einer geschlossenen Blüte gleichen. Der spitz nach oben gerichtete große Zeh, der wie ein sichelförmiger Bogen erscheinende Fußrücken und die unter die Sohle gedrückten Zehen mit der angrenzenden Ferse ähnelten den gefalteten Blütenblättern. Es gibt diverse Anspielungen in der chinesischen Literatur, dass der Lotusfuß in seiner Erscheinung einen Dualismus aufzeige (Wang 2002:55). Außen ließen die verzierten Schuhe die Illusion von geradezu göttlicher Schönheit aufkommen, doch der entblößte Fuß ähnelt eher den Hufen eines Tieres. Der nach oben gerichtete große Zeh spiele auf den Penis an, die nach innen zeigenden Zehen und der tiefe Spalt in der Sohle symbolisierten die Vagina. Der Lotusfuß verstörte und verzauberte den Betrachter. Er konnte das Leben der Frau in Hinsicht auf den sozialen Status und die Heiratschancen verbessern, aber auch durch Infektionen den Tod bringen (ebd.:55). Das Merkmal „klein" ist ein wichtiger Aspekt für gebundene Füße. Insgesamt gibt es sieben verschiedene Schriftzeichen, die „klein" beschreiben und das so genannte „Siebener-Kriterium" für perfekte Lilienfüße bilden: „dünn", „klein", „spitz", „gebogen", „duftend", „weich" und „gerade"[88] (Gao 2007:106). Gerade die Schicht der chinesischen Literati sorgte mit ihren Gedichten und Liedern dafür, dass der Lilienfuß zu einem literarischen Stilelement wurde und einen festen Bestandteil in der chinesischen Poesie einnahm[89].

---

87 *Vgl. Gao, Hong-Xing 2007, S. 62:*
妈妈经" 有 "不烂不小, 越烂越好" 之语. 为了使小脚易于裹成, 往往有故意使肌肉糜烂的举动. 有人 在缠脚布内故意放入碎石、瓦砾、瓷屑, 有人用针刺刀划的办法弄破皮肉.

88 *Vgl. Gao, Hong-Xing 2007, S. 106:*
小只是女足之美的一个方面. 缠足时代一双秒莲要达到所謂的 "瘦", "小", "尖", "弯", "香", "软","正"七字标准.

89 *Vgl. Gao, Hong-Xing 2007, S. 123.* Im Orignal lautet die Übersetzung: „*Footbinding ist ein Brauch, der einheitlich im Land praktiziert wird, von oben nach unten bis zum einfachen Volk. Seine Beliebtheit wird durch jene verursacht, die es loben und preisen. Unter diesen spielten die Literati eine eindeutige Rolle. Die Literati sind sehr gut darin, etwas zu loben und zu preisen, so dass jedermann glaubt, Footbinding sei wunderschön*".
缠足是一种风俗, 一种举国上下一致实行的风俗, 它的形成更是由于有人不断地提倡和赞美. 在提 倡赞美之中, 文人是极为重要的角色, 起到的作用不可忽视, 因为他们最善于讴歌, 通过他们的讴 歌, 使人人真的认为缠是美的.

Die *körperlichen* Folgen dieser Verstümmelung waren lebenslange Schmerzen, sofern die Nerven des Fußes nicht abgestorben waren. Erhebliche Schwierigkeiten beim Laufen waren unausweichlich. Während der zweijährigen Prozedur des Füßebindens wurden die Mädchen oft getragen. Häufig bildete sich nekrotisches Gewebe, welches einer speziellen Behandlung bedurfte: Mit medizinischen, antibakteriellen und duftenden Pudern versuchte man der beginnenden Fäulnis und dem Gestank der Verwesung entgegenzuwirken (Ko 2007:58). Die Wadenmuskulatur verkümmerte, da das gesamte Gewicht auf der Ferse und den Zehen getragen wurde. Der unsichere schwankende Gang ließ Hüft- und Taillen-muskulatur stark werden (ebd.:60). Ob sich der veränderte Gang auch auf die Becken- und Vaginalmuskulatur auswirkte, ist umstritten (Levy 1993:34). Dieser sexuell motivierte Aspekt wird gerne in älterer Literatur angeführt und ist Basis für das Argument, dass Lilienfüße für eine erfüllte Sexualität vorteilhaft gewesen seien. Diesen Grund nannten vermehrt westliche Interpreten, die das Füßebinden hauptsächlich als eine Perversion einstuften und ihren Ursprung in einer sexuell stimulierenden Praxis sahen (Ebrey 1999:20). Grund hierfür mag die abendländisch-christliche Weltanschauung mit all ihren religiösen Tabus im Bereich der Sexualität gewesen sein, die Anlass dazu gaben, dem Orientalismus sexuelle Freizügigkeit zu unterstellen (ebd.:20).

Seelisch bedeutete der Akt des Füßebindens für die Mädchen und Frauen nicht nur mentale Reife, sondern auch eine Neudefinierung ihrer selbst innerhalb ihrer Gemeinschaft. Durch einen perfekten Lotusfuß erlebten sie in einer von Männern dominierten Gesellschaft hohen Respekt. Männer vergötterten Frauen mit kleinen Füßen nicht nur, weil im Laufe der Zeit der Lotusfuß ein Fetischobjekt geworden und mit einem Tabu belegt worden war, sondern sie bewunderten die zarten, zerbrechlichen weiblichen Wesen, weil sie wussten durch welche Hölle von unerträglichen Schmerzen die Frauen gegangen waren. Es ließ sie vor dem starken weiblichen Geschlecht ehrfürchtig werden (Wang 2002:22).

Zum Schönheitsideal einer chinesischen Frau gehörte ferner, zart und biegsam wie eine Weide und zerbrechlich wie Porzellan zu wirken (Nürnberger 2009:9). Dies entsprach der Lehre von Yin und Yang (阴阳学说出发). *„Nimmt man die Theorie von Ying und Yang als Ausgangspunkt, so ist der Mann maskulin, die Frau feminin: Robust ist männlich, weich ist weiblich, groß ist männlich, klein ist weiblich, gerade ist männlich, krumm ist* *weiblich, schwach ist weiblich, stark ist männlich, aktiv ist männlich, stabil ist weiblich [...] die so genannte weibliche Schönheit, hebt Weiblichkeit und Weichheit hervor, sprich süß und zart, weich und schwach, ruhig und müßig, zarte und weiche Kurven*[90]" (Gao 2007:104). Ein üppiges Dekolleté oder ausladende Hüften brachten einen chinesischen Mann nicht in Verzückung. Je kränklicher und zerbrechlicher das Erscheinungsbild der chinesischen Frau war, umso erotischer wirkte sie auf den Mann. Mit abgebundenen Füßen erzielte die Frau erst recht das Ideal der morbiden Grazie.

Frauen konnten auf Grund perfekt gebundener Lilienfüße ihren Marktwert erheblich steigern. Da im damaligen China die Heiratsriten patrilokal geregelt waren – die Frau zog in das Haus des Mannes –, war es von Vorteil, die Tochter in eine gehobene Familie verheiraten zu können und damit ihren Lebensstandard erheblich zu verbessern. So gehörten neben Lilienfüßen eine Ausbildung in den chinesischen Klassikern und gute Stickereikenntnisse zu den entscheidenden Fähigkeiten, die eine Frau in die Ehe einzubringen hatte (Chao 2009:5). Die Stickerei spielte eine wichtige Rolle und war Teil der Lilienfuß-Tradition. In der feudalen chinesischen Gesellschaft war die Tätigkeit des Schusters die familiäre Arbeit der Frauen. Sie fertigten die Schuhe für alle Familienmitglieder (Ko 2002:77f). Die Tätigkeit der Frau *„nügong"* (女工) war ausschließlich textiler Natur: nähen, spinnen, weben. Sogar das Füttern der Seidenspinnerraupen und das Entfädeln der Kokons lagen in ihrem Aufgabenbereich (ebd.:79). Textilhandwerk in allen Farben und Formen signalisierte den ökonomischen Wert einer Frau (ebd.:79). Besonderes Augenmerk lag auf den Lotusschuhen. Sie wurden für den Eigenbedarf genäht, aber auch an Schwestern, Cousinen und Freundinnen verschenkt. Eine Chinesin verbrachte Wochen und Monate unter Gleichgesinnten mit der Stickerei perfekter Lotusschuhe (ebd.:77). Die feinen Unterschiede in Form und bearbeitetem Material können Auskünfte über den Ursprung bzw. die Entstehung des Schuhs geben[91]. Neben ihrer Funktion als edle Geschenke

---

90 *Vgl. Gao, Hong-Xing 2007, S. 104:*
从阴阳学说出发，男是阳，女是阴，刚是阳，柔是阴，大是阳，小是阴，直是阳，曲是阴，强是阳，弱是 阴，动是阳，静是阴［···］所谓的女性美就要体现出她们 "阴柔" 的一面，就是娇小，柔弱，娴静，以 要有柔和的曲线等等.

91 Siehe hierzu *„Every step a Lotus"* von Dorothy Ko. Sie widmet sich in besonderem Maße der Vielfalt der Lotusschuhe und der diversen regionalen, sozialen und technischen Unterschiede in der Herstellung.

waren die Schuhe das wichtigste Kleidungsstück einer Frau mit Lilienfüßen. Der Schuh setzte das erste Signal an den künftigen Ehemann und lockte durch seine Farbe und das sorgfältig gewählte Material[92].

Ausgestattet mit diesen wertvollen Gaben spielte die „klassische Schönheit" eines Mädchens nur mehr eine untergeordnete Rolle. „Nicht nur wiegen gebundene Füße mehr als gutes Aussehen, ein schönes Gesicht oder schöne Haare. Sie sind überdies noch wichtiger als die Tugend der Frau[93] (Gao 2007:116). Mit dem Brauch der Lilienfüße konnte – fern der Sozialisation und einer natürlichen Schönheit – für Millionen von Mädchen eine einheitliche Ausgangsposition geschaffen werden. Durchhaltevermögen, Disziplin und Moral waren die Erfolgsrezepte für perfekt gebundene Lilienfüße und damit für eine materiell gesicherte Ehe und einen hohen Status in der Gesellschaft.

6.4 Lilienfüße – weiblicher „Rite de Passage"?

Um Lilienfüße als Initiationsphänomen beschreiben zu können, müssen wir uns mehr oder weniger auf die nicht-religiösen – wenn auch in Bezug auf die animistischen Elemente – magischen Interpretationen stützen. Diese wären die soziogenetische und psychogenetische Bedeutung einer Initiation. Im ersten Fall werden die sexuelle Identität und soziale Rolle des Individuums durch das Ritual gefestigt. Es wird Wert auf die soziale, psychologische und physiologische Veränderung (Reifung) gelegt (Weckmann 1970:64). Die psychogenetische Betrachtung zielt darauf ab, wie sich das Individuum nach der Initiation in seinem Verhalten gegenüber der Gruppe verändert hat. Die initiierten Mädchen müssen den Anforderungen, die die Gesellschaft an

---

92 Vgl. Gao, Hong-Xing 2007, S. 116. Im Original lautet die Übersetzung:

锦帕蒙头拜天地,	Den Kopf bedeckt mit besticktem Tuch, vollführt das Paar die Hochzeitsriten,
难得新妇判媸妍.	Es ist nicht leicht darüber zu urteilen, ob die Braut hübsch oder hässlich ist,
忽看小脚裙边露,	Plötzlich schauen ihre kleinen Füße unerwartet unter dem Rand ihres Kleides vor,
夫婿全家喜欲颠.	die Familie des Bräutigams war [zum Zerreißen] glücklich.

Aus [菜菲禄], 89 页.

93 Vgl. Gao, Hong-Xing 2007, S. 116:
一双脚不仅重于容貌姿首，而且重于女子之德——贤淑。

sie stellt, gerecht werden. Die so genannten „Interdependenzketten" (die gegenseitigen Abhängigkeiten) zwischen Männern und Frauen nehmen verständlicherweise nach dem Ritual zu. Frauen mit gebundenen Füßen müssen den familiären Pflichten, die das neokonfuzianische System von ihnen fordert, nachkommen und Männer sind fortan abhängig von ihren Ehefrauen, welchen die Verwaltung des Haushalts und der „Inner Chambers" obliegt.

Übergangsriten brauchen Strukturen, um sich zu entwickeln und um letzten Endes auch durchgeführt werden zu können. Sind Riten vorhanden, werden sie im Laufe der Zeit zu festen Traditionen, die als Teil einer gesellschaftlichen Struktur zum Identitätsgefühl der Menschen beitragen. Der Gedanke der Identitätsstiftung, sich gegenüber anderen Menschen abgrenzen zu wollen, wird somit als Legitimationsmittel für den Brauch zugrunde gelegt. Der Mensch definiert sich zunächst über Alter und Geschlecht und dann in erster Linie über die gemeinsame Kultur, die ihn mit anderen Individuen verbindet. Sich seiner Kultur und seinen Traditionen zu entledigen, ist daher meist keine freiwillige Handlung, denn es führt zum Verlust von Struktur – und „Strukturlosigkeit" macht angreifbar. Seit Jahrtausenden trotzte China den Völkern in den Nachbarregionen und konnte mit seiner Kultur und Staatsstruktur andere dominieren. Rituale, als Teil von gesellschaftlicher Struktur, verstärken durchaus soziale Werte. Sie tragen und festigen mitunter das Wir-Gefühl einer Gruppe, eines Volkes oder einer Nation. Struktur ist also essentiell für Riten – besonders die soziale und symbolische Struktur, der Kontext, in welchen das Ritual gebettet ist (Weckmann 1970:63). Das chinesische Familiensystem mit seiner patrilinearen Organisation bietet den Rahmen für die soziale Struktur des Rituals, während Mythen, wie vielleicht auch die Geschichte der Yeh Shen, zu den symbolischen Strukturen zählen, die einem Ritual zu Grunde liegen. Mythen werden dort gebraucht, wo die Rahmenbedingungen, in denen das Ritual stattzufinden hat, festgesetzt und bestimmt werden (ebd.:64). Mythologische Elemente, unter anderem die legendären Geschichten um die ersten Lilienfüße, die mit Fabeln versuchen, den Ursprung zu erklären, werden gerade wegen ihrer symbolischen Referenz bevorzugt Riten zugeschrieben und legitimieren sie (ebd.:64). Sie geben erste Antworten darauf, warum ein Brauch vollzogen werden muss. „Mutter Erde" verlangt nach diesem Opfer, könnte eine Antwort darauf sein, welche die Handelnden per se von der Verantwortung befreit.

In Kapitel 5 habe ich ausführlich über gesellschaftliche Strukturen im Bereich der Kernfamilie reflektiert, in deren Zentrum der Brauch der Lilienfüße entstehen konnte. VAN GENNEPs Klassifizierung der Riten ist die zweite strukturelle Ebene, auf der sich Rituale bewegen. Rituale selbst sind stark strukturiert und zeichnen sich weniger durch Flexibilität als durch Rigidität aus, besonders bezogen auf die Menschen, die Rituale praktizieren. Es bietet sich an, den Fragenkatalog VAN GENNEPs anzuwenden, um die Lilienfüße als Initiationsritus einordnen zu können.

Wie bei den Übergangsriten, die aus China bekannt sind, so sollte auch der Brauch der Lilienfüße über Gemeinsamkeiten verfügen, die sämtlichen Ritualen eigen sind und als Grundvoraussetzung gelten, einen Ritus durchzuführen. Dazu zählen rituelle festgelegte Abläufe, welchen streng gefolgt wird. Abweichungen bestehen in der Regel aus lokal spezifischen Regelungen, die beispielsweise Zeiträume unterschiedlich handhaben, sich aber im eigentlichen Ablauf dann kaum unterscheiden. Zu den zeremoniellen Abläufen, die ein Übergangsritual begleiten und kennzeichnen gehören die **Seklusion, Änderung des sozialen Status, Veränderung des Körpers, Angst** und **starke Schmerzen** und **die Aneignung von kulturspezifischem Wissen** während der Trennungsphase oder bereits im Vorfeld.

Zu Beginn des bevorstehenden Rituals wird im Allgemeinen ein spezieller Tag zur Initiation auserwählt und bestimmte rituelle Speisen zubereitet. Da sich viele Riten auf eine langjährige Tradition beziehen, muss häufig kein Tag von den Betroffenen persönlich gewählt werden, sondern man beruft sich auf die mündliche Tradierung, nach welcher es oftmals feste Termine gibt, an welchen die Initiation durchgeführt werden soll oder nicht werden darf. In diesem Fall bestimmen Tabus die Regeln. „*Selbstverständlich variiert ein und dasselbe Ritual in Form seiner Zeremonie oder der Örtlichkeiten und kann unterschiedliche Ausprägungen haben*"[94] (Gao 2007:202).

Diese regionalen Variationen im Ablauf habe ich berücksichtigt, schränken meine These aber nicht ein. Entscheidend ist die einheitliche Vorgehensweise der Frauen. Es ist unerheblich, ob in *Henan* (河南) oder *Sechuan* (四川) unterschiedliche Tage ausgewählt wurden oder das Alter der Mädchen etwas variierte. Allen Regionen gemeinsam war, dass bereits im Vorfeld die

---

94 Vgl. *Gao, Hong-Xing 2007*, S. 202:
当然在不同节日, 不同地方又有不同表现.

Ritualkleider angefertigt wurden – in unserem Fall waren dies die Leinenbandagen und Schuhe für den Tag des ersten Bindens. Monate vorher fertigten die Mütter die ersten Lotusschuhe für ihre Töchter (Ko 1994:149/2002:69). Für die Mädchen stellte das erste Paar Lotusschuhe ein symbolträchtiges Geschenk dar: Die Eleganz und Schönheit sollte über den ersten Schmerz hinwegtrösten. Mit Beginn der Initiation wurden die Schuhe von Tag zu Tag und Woche zu Woche immer kleiner und zierlicher. Schritt für Schritt wurde bis zur nächst kleineren Schuhgröße reduziert. Es ist unnötig zu erwähnen, dass die Mädchen dabei Höllenqualen litten. Die Mütter richteten schon Wochen vor dem „errechneten" Tag die zurechtgeschnittenen Bandagen, Essenzen, Salben, Puder und Öle zur Behandlung der Füße. Alles wurde selbst hergestellt und akribischen Untersuchungen unterzogen, ob die Utensilien auch den hohen eigenen Standards entsprachen (Ko 2002:54).

Gemäß den chinesischen Gepflogenheiten begann man im Alter von sieben Jahren mit dem Füßebinden der Mädchen. Die Einstufung des Alters, wann ein Mädchen reif genug ist, wird zurückgeführt auf die klassische medizinische Abhandlung „*The Yellow Emperor's Classic of Internal Medicine*"[95], welche für Buben ein Alter von acht Jahren angibt und für Mädchen sieben (ebd.:58). Nach chinesischem Kalender gilt das Geburtsjahr als erstes Mondjahr und die weiteren Lebensjahre (岁 *sui*) werden ab diesem Zeitpunkt hinzugezählt (ebd.:56). Ein Kind ist also am Tage seiner Geburt schon ein Jahr alt – ein sieben Jahre altes Mädchen ist nach unserer Rechnung erst fünf oder sechs Jahren alt.

Der auserwählte Tag wurde sehr zeremoniell abgehalten (ebd.:64). Gerne wählte man einen Tag im Herbst, das war für die gesamte Prozedur, die die Mädchen vor sich hatten, ein günstiger klimatischer Zeitraum (Ko 1994:150). Es war kühler und die Beine und Füße konnten durch die Hitze nicht anschwellen. Die Frauen kochten die Opfergaben für die Götter und die Mädchen: Reisbällchen und rote Bohnen. Klebreisbällchen, die fast gelatineartig sind und Brei aus roten Bohnen, so glaubte man, könnten teuflische Geister und Krankheiten vertreiben. Darüber hinaus wurden diesen Speisen

---

95 Diese medizinische Abhandlung ist einer der vier großen Klassiker der traditionellen Chinesischen Medizin (TCM) und wurde in der Han-Dynastie verfasst (皇帝内径 *Huang Di Nei Jing*). Vgl. 2007 Hohe: *Gesundheit aus dem alten China*, S. 19.

bestimmte Wirkungen nachgesagt, die entscheidend für das Gelingen des Rituals waren. So glaubte man, dass gekochter Reis und rote Bohnen die Knochen weich (wie Reisbällchen) machten und so physiologisch eine günstige Ausgangsposition schafften. Mitunter führte dies dazu, dass die Mädchen Tage vorher mit Reis und roten Bohnen „gemästet" wurden, gemäß dem Motto: „Die Hoffnung stirbt zuletzt". Interessant für mich ist die Erkenntnis, dass wir es hier mit einem *animistischen, sympathetischen, positiven* und *direkten* Ritus zu tun. Der Glaube versetzt Berge; wenn er es nicht tut, liegt es vermutlich an den Opfergaben oder an zu wenig Reis. Weit verbreitet war auch der *dynamistische, kontagiöse* Brauch zu BODHISATTVA GUANYIN, der Göttin der Gnade, in den ersten Tagen zu beten (Ko 1994:149). Sie rief man um Unterstützung und ein gutes Gelingen an (*indirekt* durch Gebet). Hierfür wurden im Vorfeld die Lotusschuhe auf einen Altar oder Schrein gestellt und Räucherstäbchen angezündet (Ko 2002: 64). Ein Haushalts-Almanach aus der Ming-Zeit, gedruckt in *Fujian* (福建), enthielt bereits festgelegte Regeln, wie man die günstigsten Tage für diesen Übergangsritus wählen sollte (Ko 1994:149)[96]. Rituelle Handlungen, die gute Voraussetzungen für das Füßebinden schaffen sollten, waren demnach fester Bestandteil dieses zeremoniellen Vorgangs und wurden auf lange Sicht im Voraus geplant und durchgeführt. Insgesamt wurden im Vorfeld mehrere unabhängige Riten vollzogen, sie alle sollten auf den „finalen Coup" vorbereiten.

Die Wichtigkeit der Frauen bei dieser Tradition spiegelt sich in der Aufgabenverteilung und im Verantwortlichkeitsbereich. Alle weiblichen Familienmitglieder waren in irgendeiner Form beteiligt und Teil der Zeremonie: Sie bekochten die Mädchen, brachten Geschenke und versuchten mit ihren eigenen Erfahrungen, die Mädchen von der Notwendigkeit der gebundenen Füße zu überzeugen. Während des eigentlichen Prozesses des Füßebindens, der sich über mehrere Monate oder Jahre ziehen konnte, wurden die Mädchen ausschließlich von Frauen – Müttern, Großmüttern, Tanten und Schwestern – in den *Inner Chambers* betreut (Ko 2002:54). Die Beschränkung der rituellen Handlungen auf die rein weibliche Sphäre fand ihren Widerhall in der neokonfuzianischen Familie mit ihren strengen Strukturen. Diese strikte Trennung der Geschlechter bot den idealen

---

96 Vgl. 1976 *Levy: Chinese Footbinding. The History of a Curious Erotic Custom*, S. 56.

Rahmen für die Durchführung der Rituale. Sämtliche Adoleszenzriten, sowohl für Jungen als auch für Mädchen, werden innerhalb eines Geschlechts abgehalten. Frauen sind bei männlichen Initiationen ausgeschlossen und umgekehrt. Daher zogen sich zu den rituellen Waschungen, dem Anlegen neuer Verbände und den Gehübungen die älteren Frauen mit den Mädchen in ihre Gemächer, die „Boudoirs" zurück.

Der Aspekt der Seklusion, die Trennung der Mädchen von den männlichen Familienmitgliedern und der restlichen Gesellschaft, ergibt sich durch die Prozedur des Füßebindens unter Ausschluss der Öffentlichkeit. „Footbinding" unterstützte die Doktrin der zwei Sphären, innerhalb der Familie: die männliche und die weibliche. Der Brauch verstärkte dieses konfuzianische Ideal strikt voneinander getrennter Welten der Männer und Frauen (Ko 1994:149). Zur räumlichen Trennung gehörte auch, dass die Mädchen besonders in den ersten Wochen das Haus nicht verlassen durften und sich somit an ein Leben mit Lilienfüßen abgeschottet in den eigenen vier Wänden gewöhnen mussten (Wang 2002:6f). Oftmals lebten die Mädchen gemeinsam mit ihren Schwestern oder Cousinen, sofern das Alter nah beieinander lag und es sich anbot, ihnen gemeinsam die Füße zu binden (ebd.:6). Der gemeinsame Leidensdruck stärkte die Gruppe der Gleichgesinnten. Mitgefühl unterstützte das Durchhaltevermögen. Die Gespräche drehten sich um das künftige Leben als vollwertige Frau und Gattin mit ihren Pflichten und Aufgaben. Aufbegehren oder Auflehnen und das Widersetzen gegen den Brauch wurden strikt verboten. Ein widerspenstiges Mädchen, welches gemeinsam mit anderen die Füße gebunden bekam, sorgte für Unruhe innerhalb der Gruppe. Durch gutes Zureden und die Überzeugungskünste der anderen gaben die meisten Mädchen nach und beugten sich dem Ritual. Besonders schwer traf es allerdings die Mädchen, die isoliert nur unter Aufsicht der älteren Frauen ihre Füße gebunden bekamen[97]. Sie waren mit ihren Schmerzen allein, abgesehen von den Erfahrungswerten der erwachsenen Frauen, die mit Argusaugen beobachteten, ob alles ordentlich und diszipliniert von statten ging.

Für die meisten Mädchen mag der Gedanke, dass sich ihnen mit der Initiation die Gemeinschaft und Gesellschaft der Frauen eröffnete, Hoffnung

---

97 Vgl. Lisa See 2005: Der Seidenfächer.

gegeben haben, diese grausame Zeit durchzustehen (Wang 2002:19f). Waren sie bis dahin in der Familienhierarchie an letzter Stelle – als nicht die „*Lineage*" fortführende Nachkommen –, so konnte allein das Ritual für einen erhöhten Stellenwert in der Familie sorgen. Immerhin wurden die Mädchen einer exklusiven Behandlung unterzogen, die in Fürsorge und Aufopferung der Mütter, mit jener der Schulausbildung der Buben vergleichbar war. Wie den Söhnen galt für einen bestimmten Zeitraum das gesamte Interesse den Töchtern (Ko 1994:149). In dieser Zeit lernten sie viel und wurden, wenn auch das Füßebinden einer „körperlichen Misshandlung" gleichkam, umsorgt und gepflegt. Oft hörte die Fürsorge und Pflege bei schwerwiegenden Komplikationen auf und im Falle des bevorstehenden Todes des Mädchens wurde der Grund bei dem Kind selbst gesucht und gefunden. Zu wenig Disziplin, mangelndes Durchhaltevermögen und Widerspenstigkeit galten als Ursache für missratene Lilien– harte Worte für ein Kind von sechs, sieben Jahren[98], welches mit Sicherheit die Konsequenzen seines Handelns kaum überblickt!

Der Übergang vom Mädchen zur Frau – nicht in physischer, sondern sozialer Hinsicht – erfolgte während des gesamten Zeitraumes. Man könnte von einer zentimeterweisen Reifung sprechen, gemäß der Verkleinerung der Füße. Obwohl körperlich noch nicht zur Frau gereift, wurde das Mädchen in die Erwachsenenwelt eingeführt. Dieses symbolische Erwachsenwerden des Mädchen markierte den Beginn ihres Brautseins (Ko 2002:54).

Beim Brauch der Lilienfüße ging in den meisten Fällen die soziale Pubertät der physischen voraus und man kann mit Sicherheit von einem Reiferitus sprechen, auch wenn es wie wir bereits erfahren haben, nichts mit der Pubertät zu tun hat. Vereinzelt gab es auch Mädchen, die körperlich eindeutig in der Pubertät waren, die erste Menarche bereits hinter sich hatten und verhältnismäßig spät die Füße gebunden bekamen. Gründe hierfür mögen ökonomischer Natur gewesen sein, vielleicht brauchte man das Mädchen für harte körperliche Arbeit auf den Feldern, im Haus, oder es arbeitete als Dienstmädchen. Ich möchte an dieser Stelle noch einmal darauf hinweisen, dass Lilienfüße nur bedingt Auswirkungen auf die körperliche Arbeit von Frauen hatten. Sicherlich war es so, dass Frauen mit „Drei-Zoll-Lilien" nur

---

98 Einen sehr guten Einblick in die Welt des Füssebindens bietet Lisa See's Roman „*Der Seidenfächer*" *(2005)*. S. 26–54, Kapitel „Füssebinden".

eingeschränkt zu harter oder körperlicher Arbeit fähig waren, bei der man weite Strecken zu Fuß zurücklegen musste. Bilder dokumentieren aber zu Genüge, dass viele Frauen trotz körperlicher Einschränkung durch Lilienfüße in gewisser Weise am öffentlichen Leben teilnahmen und sich fortbewegen konnten (Ko 1994:148)[99]. Trotzdem waren sehr klein gebundene Lilienfüße ein Zeichen für einen gewissen Wohlstand der Familie, in der die Frau nur begrenzt auf ihren Füßen laufen musste und bevorzugt den klassischen Tätigkeiten der „*nügong*" (女工) nachging.

Im Vergleich zur afrikanischen Initiation, die mit der Beschneidung und der Zeremonie nur einen sehr kurzen Moment umfasst, erscheint das Füßebinden über einen großen Zeitraum durchaus zu lang für einen klassischen Übergangsritus. VAN GENNEP beschrieb seinerzeit Initiationsriten aus Afrika und Ozeanien, die mit der Aufnahme in Geheimbünde stehen und einen Zeitraum von zwei Monaten bis sechs Jahren aufweisen können (van Gennep 1981:84). Das klassische Noviziat in unseren Breiten dauert durchaus auch über einen längeren Zeitraum an und gilt im Übrigen nach VAN GENNEPs Klassifizierung als Initiation. Daraus schließe ich, dass der Schwellenzustand mitunter sehr variabel sein kann und nicht an fixe Momente geknüpft ist. Entscheidend ist aus meiner Sicht vielmehr, dass die Initiandin sich in diesem Zwischenstadium befindet und ein vollständiger Übergang noch nicht stattgefunden hat. Bei den chinesischen Mädchen entspricht dies dem Zeitraum, bis die Füße verheilt sind und die erwünschte Schuhgröße erreicht ist.

Die starke Beziehung zwischen Initiandin und ihrer „Binderin", die wie die afrikanische „Beschneiderin"[100] die Veränderung des Körpers vornimmt, kann Aufschluss darüber geben, weshalb viele Mütter ihren Töchtern diese traumatischen Erlebnisse nicht ersparten. Die langen und gestärkten Bandagen, die zur Umwickelung der Füße gebraucht wurden, könnten daher hervorragend als Metapher für die Stärke und intensive Beziehung von Töchtern zu ihren Müttern und Großmüttern stehen. Ein chinesisches Sprichwort lautet nach BLAKE nicht von ungefähr: *„téng nu bu téng jiao"* (Wenn Du Deine Tochter liebst, sorge Dich nicht, wenn sie beim Füßebinden

---

99   Siehe Abb. 11.
100   Engl. „circumcisor".

leidet[101]). Die Mutter handelte im Sinne ihrer Tochter, für die sie nur das Beste wünschte und keine Gnade walten ließ. Für die Jungen hieß es gleichermaßen: *„téng er bu téng xue"*[102] (Wenn Du Deinen Sohn liebst, sorge Dich nicht, wenn er sich im Studium quält) (Blake 1994:681). Der Unterschied dieser beiden Aussagen zeigt sich auf dramatische Weise. In Henan (河南) bekam das Mädchen von ihrer Mutter einen Pinsel (ein Symbol für Männlichkeit und die öffentlichen Aufgaben) geschenkt, aber nicht, um wie der Sohn literarische Diskurse zu verfassen, sondern in der Hoffnung, ihre Füße würden später der Form einer Pinselspitze gleichen (ebd.:681).

Die Fürsorge der Mutter hatte nur ein Ziel vor Augen: Ein perfekter Lotusfuß am Ende der langen Leidenszeit, der ihrer Tochter bessere Chancen und Akzeptanz in der Gesellschaft versprechen sollte. Ihre ganzen Hoffnungen legte die Mutter in die Füße der Tochter. Wenn bis zu diesem Zeitpunkt das Mädchen wenig Aufmerksamkeit bekam, weil es als weiblicher Nachkomme nur bedingt erwünscht war, so zeigte sich nun die Mutter voll Hingabe bei der Erschaffung kleiner Lilien. Perfekte Füße waren das Kapital einer jeden Chinesin und hier wurde investiert. Puder, Salben, Baumwollbinden,

---

101 *Vgl. Gao, Hong-Xing 2007: S. 173.* Im Original lautet die Übersetzung: *„Der Drei-Zoll-Goldlotus ist ein Kriterium des Mannes für die Wahl [seiner] Braut. Das Schicksal der Frau lag in den Händen des Mannes in Zeiten männlicher Dominanz. Unabhängig davon, wie sehr Eltern ihre Tochter liebten, waren sie nicht in der Lage, den Lauf ihres Schicksals zu bestimmen. Deshalb sagte man: "Sie lieben ihre Tochter, aber sie lieben nicht ihre Füße". Die Eltern konnten nur brutal sein, um der damaligen Sitte nachzukommen, was bedeutete, die Füße ihrer Tochter zu binden, um sie klein zu machen. Dies tat man, um das [weitaus] schlimmere Schicksal, niemand würde die Tochter heiraten, zu vermeiden. Schmale, kleine Füße wurden zu einem modischen Kriterium, welches die Verbreitung dieser Sitte ermöglichte."*
三寸金莲是男子择偶的标准，在男尊女卑的时代，女子的命运是掌握在男子手中的. 父母再疼爱 女儿，也无法安排女儿的命运，所以 "疼女不疼脚" 为了女儿的终身幸福，做父母的只好横下心来，照男子择偶的时尚，将女儿的脚死缠活裹，使其变得纤小玲珑，免得日后无人聘娶. 三寸金莲成 择偶的时尚标准使缠足风俗得到 更广泛发展.
Das Sprichwort *„téng nu bu téng jiao"* wurde unterschiedlich übersetzt. Meine ursprüngliche Version lautete: *„Eine Mutter, die ihre Tochter liebt, wird keine Empfindlichkeit gegenüber dem Fuß walten lassen"* und kommt meines Erachtens dem eigentlichen Sinn ebenfalls sehr nahe. Siehe Fußnote 37.

102 *téng er bu téng xue* (疼儿不疼学).

Ernährung und Lotusschuhe, von allem „nur das Feinste". Wie bei der Kommunion, Beispiel für eine aktuelle Initiation bei uns, wurden die Mädchen mit Geschenken und guten Sachen überhäuft. Diese Gesten sollten auch über das nun folgende Martyrium hinwegtäuschen.

Der eigentliche Prozess des Füßebindens, ein geheimer Akt zwischen Mutter und Tochter stärkte ihre Beziehung, da sie Nöte und Sorgen miteinander teilten und sie in schweren Stunden zusammenhielten (ebd.:19). Eine Gemeinsamkeit lag im Wissen um die intensiven Schmerzen, die nicht auszusprechen waren und ohne Worte erduldet, aber von der Mutter verstanden wurden (ebd.:19). Die deformierten Füße wurden zu stummen Zeugen dieser intensiven Zweisamkeit, in der man das Leid gemeinsam teilte. *„Wenn die Mütter den erbärmlichen, schrecklichen Anblick ihrer Töchter, die die Füße gebunden bekamen, sahen, konnten sie nur hilflos sagen: „Im vorherigen Leben wurde es nicht vollbracht, deshalb müssen sie [die Töchter] im jetzigen Leben bitter leiden"*[103] (Gao 2007:109).

Das Phänomen des gemeinsamen Leidens findet sich auch beim nicht minder grausamen Beschneidungsritual in Afrika: Mütter und Großmütter unterstützen den Beschneidungsritus, obwohl sie sich an die Schmerzen erinnern und sich der Gefahren bewusst sind, denen ihre Mädchen ausgesetzt werden. Unternommen wird dennoch selten etwas dagegen (Dellenborg 2007:118). Die häufigste Aussage der Mütter ist: „Es muss einfach getan werden" (ebd.:118). Die gesellschaftlichen Normen überwiegen hier gegenüber dem Individuum mit seinem Recht auf körperliche Unversehrtheit. Ein Mädchen in Afrika, das sich dem Beschneidungsritual widersetzt, wird durchaus mit denselben Problemen gesellschaftlicher Ächtung und Ablehnung zu kämpfen haben, wie einst ein Mädchen mit großen Füßen im 18. und 19. Jahrhundert in China.

Sowohl bei der FGM als auch beim chinesischen Füßebinden sind die Komponenten des unerträglichen Leidens und der starken Schmerzen, die die Mädchen zu ertragen haben, die augenscheinlichsten Übereinstimmungen. Das fertige Resultat der körperlichen Veränderung unterscheidet sie künftig von all jenen, die sich diesem Ritual nicht unterzogen haben. Durch

---

103 *Vgl. Gao, Hong-Xing 2007, S. 109:*
母亲为女儿缠足，见其惨状，往往无奈地哀叹一声"前世未作好，今生受此苦"。

den Ritus erfolgt demnach eine Abgrenzung zu den anderen nicht initiierten Mädchen. Im Falle der Millionen von Chinesinnen haben wir es hier sogar mit dem bereits angesprochenen Phänomen der Identitätsstiftung bzw. der Abgrenzung gegenüber all jenen zu tun, die sich nicht initiieren ließen. Sicherlich wird der Aspekt der ethnischen Abgrenzung auch über die FGM beschrieben: Von seinen Anhängern als identitätsstiftendes Ritual gerechtfertigt, ist es unverzichtbar für traditionsreiche Völker in Afrika.

Ein Mädchen mit Lilienfüßen konnte aufgrund dieses Brauches seinen Status innerhalb der Gemeinschaft ändern und in der Gesellschaft aufsteigen. War der Prozess des Füßebindens abgeschlossen, so war auch das Mädchen sozial gereift. Erst mit der Menarche war auch die körperliche Reife erreicht. Die junge Frau war nun geschlechtsreif und konnte Kinder bekommen. Sie wurde somit Teil der reproduktiven Einheit im konfuzianischen Sinne, da sie in der Lage war, die für den Fortbestand der Familie nötigen Nachkommen zu gebären.

Erst mit der Überwindung des Schwellenzustands während der Initiation, konnte die Frau in die geordnete Struktur der Gesellschaft zurückkehren und wurde von dieser als Teil derselben wieder aufgenommen und akzeptiert. Eine Ausgrenzung oder Ablehnung musste die Initiierte nicht mehr fürchten – im Gegenteil: Ihr Status hatte sich innerhalb der Gesellschaft und ihrer Normen zum Positiven verändert. Mit der Initiation war sie gleichsam vollkommen und konnte ihren Weg zur Ehefrau und Schwiegermutter beschreiten. Angesichts des Vorteils, den Mädchen mit Lilienfüßen auf dem Heiratsmarkt erlebten, schließe ich hier, dass bei dem Ritus, den die chinesischen Mädchen durchliefen, der heiratspolitische Aspekt neben dem Fortbestehen der eigenen „Lineage" einen der Hauptgründe, wenn nicht sogar phasenweise den wichtigsten Grund, für das Binden der Füße lieferte.

Wie im Kapitel über die physischen und psychischen Folgen erwähnt, ist für eine Initiation entscheidend, ob sich die Initiierte während der Initiation kulturspezifisches Wissen aneignet, welches in ihrem nächsten Leben von Bedeutung sein wird. Die jungen Mädchen in China wurden während der Zeit der Isolation bzw. Seklusion in ihren künftigen Fertigkeiten unterrichtet. Besonders wichtige war in Verbindung mit der Initiation das Stickereihandwerk und die Fertigkeiten des Webens (Chao 2009:5). Gemeinsames Sticken gab den Frauen Raum für körperliche und geistige Entfaltung. Die formbare Oberfläche der Schuhe eröffnete ihnen die Möglichkeit, sich auszudrücken.

Davon zeugen einige Lotusschuhe, die sogar mit Schriftzeichen und ganzen Gedichten bestickt wurden (*siehe "Every Step a Lotus" von Dorothy Ko und "Splendid Slippers" von Beverly Jackson*). Die Schuhe wurden zum Ausdruck kultureller Veredelung, speziell für die Frau (Chao 2009:5). Die Schuhe verhüllten einerseits die Lilienfüße vor neugierigen Blicken, gleichzeitig waren sie durch aufwendiges Schuhwerk der Öffentlichkeit preisgegeben. Die Kunst der Stickerei, besonders der Schuhe, als fester Bestandteil der klassischen Anforderungen an die weiblichen Tätigkeiten in einer konfuzianischen Gesellschaft, hat durchaus dazu beigetragen, den Brauch zu perpetuieren (Ko 2002:52). Ohne „Lotusfüße" keine Lotusschuhe, ohne Lotusschuhe kein Kunsthandwerk für Millionen von Frauen.

Die Füße galten als Tabu, während die Schuhe zum Fetisch avancierten. Männer, die eine ungeheure Affinität zu Lilienfüßen hatten, ergingen sich sogar in Trinkspielen. Dazu wurde der Reisschnaps aus den Lotusschuhen besonders schöner Konkubinen „geschlürft" (Wang 2002:66f). Die Fetischisierung der Lilienfüße entstand in der Song-Dynastie, blieb aber auch in den kommenden Dynastien bestehen. In dem erotischen Roman „*Jin Ping Meh*[104]", dessen Protagonist *Ximen* (西門慶,) sich mit seiner Konkubine *Jinlian* (金莲 Goldener Lotus) in Orgien vergnügt, wird über solch erotische Spiele berichtet. Das Buch wurde bereits 1610 aufgrund seiner Freizügigkeit auf den Index der verbotenen Werke gesetzt und muss den „strengen Hütern konfuzianischer Moral ein Gräuel" gewesen sein (Kuhn 1954:919). Es gilt trotzdem als eines der bedeutendsten Kulturdokumente des chinesischen Volkes (ebd.:919). Als Spiegel der Song-Gesellschaft wirft es auch einen Blick auf das Leben während der Ming-Dynastie, in der der Autor gelebt haben soll (Wang 2002:67).

In den Monaten der Abschottung zur Außenwelt lernten die Mädchen, was es nach konfuzianischen Tugenden bedeutete, eine chinesische Frau zu sein. Sie waren seelisch und körperlich gereift und hatten eine ungeheure Kraft aufgebracht, Teile ihres kleinen Körpers den Regeln des natürlichen Wachstums zu entziehen. Sie hatten die Stärke gewonnen, ihren Körper zu

---

104 Der Name „*Jin Ping Meh*" (金瓶梅) setzt sich aus den Namen der drei Frauenfiguren aus dem Roman zusammen: Pan *Jin*lian (潘金莲 „Goldener Lotos"), Li *Ping*'er (李瓶兒 „Kleine Vase") und Peng Chun*mei* (龐春梅 „Frühlingspflaumenblüte").

kontrollieren und nach ihren Vorstellungen zu formen, zu manipulieren. Sie hatten unaussprechliche Schmerzen durchlitten. Gemessen daran verblassten die bevorstehenden Geburtsschmerzen – das Ritual diente also als eine Art Vorbereitung auf die bevorstehenden Unannehmlichkeiten im Leben einer Frau (Blake 1994:686).

Wenn nach zweijähriger Leidenszeit der Schwellenzustand sein Ende fand und der Adoleszenzritus somit abgeschlossen war, betraten die Mädchen eine neue Welt. Eine Welt, die sie aufnahm als künftige Ehefrauen und Mütter. Ausgestattet mit geistigen Gaben wie Moral, Disziplin, Gehorsam und körperlichem Geschick waren die jungen Frauen nun bereit dafür, ihren Platz als Frau in der Gesellschaft und in ihrer künftigen Familie einzunehmen.

7. Fazit

Lilienfüße waren 1000 Jahre lang der Angel- und Wendepunkt im Leben eines chinesischen Mädchens. Es fürchtete sich vor diesem Tag, sehnte ihn sich aber auch herbei, weil das Leben „danach" so viel reicher und lebenswerter war. Man ließ das unreife, unwissende Kind hinter sich und trat in das, voller Geheimnisse steckende Leben einer Frau. Je erfolgreicher der Ritus vollzogen wurde und das Resultat sich sehen lassen konnte, desto mehr lockten die positiven „Ergebnisse" am Ende der Leidenszeit – getreu dem Motto: „Wer schön sein will, muss leiden". Zu erlangender Reichtum und mehr Prestige durch eine Verbindung mit einem hochdotierten Beamten sowie Neid und missgünstige Blicke der anderen Frauen spornten die Konkurrenz um die schönsten Lilienfüße an. Die Aussicht, im Dorf diejenige mit den kleinsten, delikatesten Lilien zu sein, reichte manchmal aus, die Tortur stoisch über sich ergehen zu lassen.

Die Leidensfähigkeit und die anschließende Erlösung in Form einer besseren Zukunft finden sich auch bei der Geschichte von „Aschenputtel". Ruhig, schicksalsergeben und ohne Selbstmitleid ertrug es sein unerfreuliches Dasein im Hause seiner Stiefmutter. Sein bisheriges Leben hatte es *„auf tönernen Füßen"* gemeistert. Ungewiss blickte „Aschenputtel" in seine Zukunft, bis zu jenem Tag, der den Übergang mit zauberhaften Pantoffeln und der Hilfe mystischer Wesen in seinem Leben markierte. Nun war es bereit für die Rückkehr in die Gesellschaft als Frau an der Seite eines Mannes der oberen Gesellschaftsschicht.

Wovon allerdings zu Beginn in den beiden Märchen nicht berichtet wurde, ist, dass „Aschenputtel" respektive „Yeh Shen", sich die Zehen unter den Fußballen gewickelt, sich über Monate den Fuß so nah wie möglich an die Ferse gespannt hatte, worauf in Folge der Mittelfußknochen und die Zehen brachen und der Rest des Fußes nunmehr nur noch an einen hässlichen Huf erinnerte. Diese Verhaltensweisen finden sich bis zu einem gewissen Grad nur in der deutschen Variante des Märchens, in welchem die Selbstverstümmelung der Stiefschwestern dem grausamen Akt der gebundenen, „geschundenen" Füße in China ziemlich nahe kommt.

Zusammenfassend möchte ich für einen Überblick zum wissenschaftlichen Diskurs zu diesem Thema noch einmal auf die Meinungen einiger Autoren dazu eingehen. Die meisten Verfasser sind sich darin einig, dass es sich bei der Sitte der gebundenen Füße um einen mehr oder weniger grausamen barbarischen Akt handelte. Dennoch versuchen viele die kulturellen Umstände, in welchen die Lilienfüße ihre Nische finden konnten, ganzheitlicher zu beleuchten, um sich von gewissen Stereotypen zu befreien und neue Betrachtungsweisen für dieses Phänomen zu finden.

C. FRED BLAKE beispielsweise, der einen interessanten Aufsatz über den hohen Stellenwert der Lilienfüße im neokonfuzianischen China verfasst hat, ist der Auffassung, dass die Lilienfüße in erster Linie ein „vulgärer Akt der Selbstverherrlichung" gewesen seien, in welchem die Frauen mit drakonischen Mitteln ihre uneingeschränkte Stellung im familiären, als auch gesellschaftlichen System zu sichern versuchten und dadurch doch eine gewisse Machtposition erreichten, die man ihnen häufig nicht zugesprochen hatte (Blake 1994:694). Ferner beabsichtigte dieser Brauch die Selbst-Verschönerung der Frau, und bezweckte eigentlich ihre Mystifizierung und sorgte für einen Spielraum der Manipulationen (ebd.:694). In zweiter Instanz stellten die Lilienfüße eine Selbst-Kasteiung oder Demütigung dar mit der Absicht, sinnliche Wünsche und fleischliche Gelüste durch Selbstverstümmelung zu überwinden (ebd.:694). Dies ist nur nachvollziehbar, wenn man berücksichtigt, dass es Zeiten in China gab, in denen die Frauen einer starken moralischen Zensur ausgesetzt waren, die eine hohe Sittlichkeit verlangte (Wang 2002:69). Die einseitige Keuschheit von Frauen war ein wichtiger Bestandteil des feudalen Ehrenkodex´ und spielte eine wichtige Rolle zur Blütezeit des Neokonfuzianismus. In der Song-Dynastie galt der „Tod durch Verhungern" als weniger dramatisch als der „Verlust der Keuschheit"[105].

---

105 *Vgl. Gao, Hong-Xing 2007, S. 111.* Im Original lautet die Übersetzung: *„Keuschheit ist ein wichtiger Aspekt der feudalen Ethik und Erziehung. Diese wurde besonders streng, nachdem die neokonfuzianische Philosophie vorherrschend war. Ein Lehrer der realistischen Theorie aus der nördlichen Song-Dynastie argumentierte: „Es ist keine große Sache sich zu Tode zu hungern, aber es wird ernst, wenn jemand seine Keuschheit oder Loyalität verliert". Ab diesem Zeitpunkt wurde diese Idee zu einer Art Doktrin und beinahe Gesetz. Begleitende Resultate, wie: „Eine Ehefrau hat ihrem Mann bis zu ihrem Tod zu folgen", „Eine Frau kann nicht zwei Ehemännern gerecht werden [dienen]",*

Diese dogmatische Einstellung zur Ehre der Frau führte in der Ming-Dynastie dazu, dass es zu 35.829 gezählten, durch Einhaltung der Keuschheit motivierte Selbstmorde von Frauen kam (ebd.:70). Mitunter führte die hohe moralische Erwartungshaltung auch dazu, dass Witwen sich ein Ohr oder die Nase abschnitten und damit selbst verstümmelten, damit sie für andere Männer nicht mehr attraktiv waren und eine zweite Heirat nicht befürchten mussten.(ebd.:70).

Anders schätzt KENNETH G. BUTLER die Lage ein. Er vertritt in seinem Essay *„Footbinding, Exploitation and Wrongfulness: A non-marxist Conception"* die Meinung, dass aufgrund der Tatsache, dass es immer wieder einige Individuen oder Gruppen gegeben habe, die sich der Sitte widersetzt hätten, gebundene Füße eben keine strikte Notwendigkeit für die Gesellschaft darstellten. Aus seiner Sicht hätte eine gemeingültige gesellschaftliche Ethik oder Moral, diesen Brauch in Frage stellen müssen (Butler 1985:60). Dennoch waren die Frauen, als die am meisten Leidtragenden bei der Geschichte, noch im 18. und 19. Jahrhundert seine stärksten Verfechter. Angeleitet durch die älteren Frauen konnte sich das Mädchen kaum widersetzen – soziokulturelle Aspekte, die die Lilienfüße legitimierten, überwogen in der Regel und so wurde das Ritual selten in Frage gestellt. Dies ist beispielhaft für die Situation, in der ein biologischer Nachteil für einen soziologischen Vorteil in Kauf genommen wird (Butler 1985:65). Da die gesellschaftlichen Vorteile mit gebundenen Füßen überwogen, stellte die körperliche Einschränkung durch gebundene Füße keinen Hinderungsgrund der Sitte dar. Gleiches Schicksal teilten demnach auch die Eunuchen, die zwar Zugang zum Kaiser und seinen Gemahlinnen hatten, aber sich selbst nicht mehr reproduzieren konnten. Letztlich sieht auch BUTLER in der Sitte der gebundenen Füße eine ungerechte soziale Praxis, welche richtigerweise als Ausbeutung von Frauen verstanden werden darf (ebd.:72). Diese Erkenntnis führt er darauf zurück,

---

wurden heiß debattiert und verteidigt. Mit gebundenen Füßen ist es unbequem herumzulaufen und deshalb leicht kontrolliert zu werden. Es dient der Einhaltung der Keuschheit und verhindert das Fortlaufen mit einem anderen Mann".
妇女片面守贞是封建礼教的重要内容，尤其在理学勃兴之后，贞节观念更趋严厉。北宋理学大师 程颐提出 "饿死事极小，失节事极大 "，从此饿死事小，失节事大的怪 论被人奉为金科玉律，闹得沸 扬扬，而 "从一而终 "，"一女不事两夫 "的呼声更是甚嚣尘上。妇女之足缠得弱小，不利于行，自然 易管束，对防止私奔，保守贞操是有利的。

dass Lilienfüße nicht lebensnotwendig für eine Gruppe seien, sie einen erheblichen Nachteil für die Betroffenen darstellten und diese, hätte man sie in einen Entscheidungsprozess des Für und Wider der Lilienfüße einbezogen, mit Sicherheit, diesem Brauch abgeschworen hätten.

Persönlich gefällt mir die differenzierte Sichtweise von DOROTHY KO besonders gut. Sie hat, wie sie selbst beschreibt, versucht, sich von den bisherigen wissenschaftlichen Beiträgen zum Thema gebundener Füße frei zu machen und das Phänomen neu zu beleuchten. Laut KO wurden alle bisher erschienenen Bücher aus der Sicht der „Anti-Footbinding-Bewegung" verfasst und positionierten sich von vornherein auf dieser Seite. Das heißt natürlich weder für KO noch für mich, die ich mich durch KO´s Analyse bestätigt sehe, dass es zu befürworten sei, über Jahrhunderte seinen Töchtern die Füße zu verkrüppeln. Von dieser Warte aus unterscheiden sich gebundene Füße in keiner Weise von der weiblichen Beschneidung und den daraus resultierenden Folgen der Genitalverstümmelung. Trotzdem finde ich es durchaus bemerkenswert, die Geschichte der Lilienfüße nicht vom Ende – dem erfolgreichen „Ausmerzen" dieser Sitte – zu betrachten, sondern sich den Anfängen zu nähern und sämtliche Aspekte einzubeziehen – wie DOROTHY KO schreibt: „*Footbinding [als] embodied experience [zu betrachten], a reality to a select group of women*" (Ko 2007:1). Auch KO möchte die starken Kräfte begreifen, die Lilienfüße zu einer konventionellen Praxis werden ließen (ebd.:1). Allerdings gibt KO in ihrem Buch „*Cinderella´s Sisters*" auch zu, dass sie sich auf eine einzige Erklärung für Lilienfüße nicht beschränken konnte. Sie ist aber der Meinung, dass die heutigen Frauen Chinas, wenn man sie erneut vor die Wahl stellen würde, sich gegen Lilienfüße entscheiden würden – die konfuzianische Frau allerdings aufgrund ihrer Moral- und Tugendvorstellungen sowie ihrem eingeschränkten „freien Willen" innerhalb des konfuzianischen Familiensystems nicht die Möglichkeit der Wahl hatte.

Dass Lilienfüße nach wie vor ein aktuelles Thema sind und an ihrer Faszination für uns nichts eingebüßt haben – obwohl man sie, nachdem die Sitte nicht mehr existiert, sie getrost hätte ad acta legen können –, zeigen einige neue Veröffentlichungen und Beiträge, die sich immer noch mit den Lilienfüßen und ihrer dogmatischen Praxis beschäftigen. Für die Psychoanalytikerin SHIRLEY SEE YAN MA ist das Phänomen der gebundenen Füße eine Metapher für zahlreiche spezifisch weibliche Probleme, die ihre Patientinnen beschäftigen. So leiden viele Frauen an symbolisch gebundenen

Füßen, die es verhindern, sich einer Autorität, sei es dem Ehemann, der Familie oder dem Arbeitgeber zu widersetzen. Der permanente Druck, als Frau funktionieren zu müssen und den Erwartungen anderer Menschen gerecht zu werden, führt anscheinend bei vielen Frauen zu einer ganzen Reihe von persönlichen Problemen. Sind die symbolischen Fesseln allerdings abgenommen, können die Frauen ihre Identität annehmen, ihr Schicksal selbst bestimmen und ein freieres unbeschwertes Leben führen (See 2010:153ff).

Eine relativ einseitige Sicht der Dinge hat HOWARD S. LEVY, einer der ersten, der in englischer Sprache 1966 ein Werk zur Geschichte der Lilienfüße veröffentlichte. Er richtet den Fokus stark auf den Aspekt der Erotik und den hohen Stellenwert, den sie bei der Rolle der Lilienfüße gespielt haben soll, sowie die Mystifizierung zum Fetisch, auf welchen sich LEVY eigentlich auch beschränkt. Trotz dieser eher plakativen Interpretation ist sein Werk häufig an erster Stelle als Nachschlagewerk für Lilienfüße gelistet. Der Titel seines Buches macht aber auch keinen Hehl daraus, auf welchen Punkt LEVY hinaus möchte: *„The Lotus Lovers: The Complete History of the Curios Erotic Custom of Footbinding in China"*. Deutlich wird beim Lesen der Blick des aus dem Westen stammenden Autors auf das ferne, fremde China und seiner Menschen, denen ein gewisser Hang von Freizügigkeit und Perversion besonders im sexuellen Bereich zugeschrieben wird. LEVY war auch einer derjenigen, die die These der „muskulären Dysbalance im Urogenitaltrakt der Frauen" beschrieb, sie aber leider nicht in Frage stellte.

STEFAN MESSMANN, Professor für International Business Law in Budapest, hat sich der Geschichte der Lilienfüße gewidmet und ebenfalls in jüngster Zeit das Büchlein *„Krüppelfüßchen der Chinesinnen"* veröffentlicht. Von seinem Beitrag zu diesem Thema bin ich eher enttäuscht, denn er enthält für mich keine neuen Erkenntnisse oder Anregungen. Im Gegenteil bewegt sich MESSMANN m. E. zu sehr auf üblichen Pfaden und kommt tatsächlich zu der Schlussfolgerung, dass neben den allseits bekannten Erklärungsversuchen[106] für Lilienfüße „die Dominanzbestrebungen der Männer am ehesten einleuchten" (Messmann 2010:143).

---

106 *Vgl. Messmann 2010.* Folgende Erklärungen werden angegeben: 1. Statussymbol, 2. Notwendigkeit, die Frauen keusch zu halten, 3. Schönheitsideal, 4. Sexualität, 5. Fetisch, 6. Mode, 7. Abgrenzung zu anderen Völkern und 8. Bekämpfung von Feinden.

An dieser Stelle möchte ich die Literaturrezeption zu Gunsten einer eigenen Analyse verlassen. Lilienfüße waren ein komplexes kulturelles Konstrukt, das verschiedenen Interessengemeinschaften vorteilhaft in die Hände spielte. Hüter konfuzianischer Moral und Tugend nutzten seiner Zeit die Lilienfüße als ein Instrument, die gesellschaftlichen Normen und Interessen zu ihren Gunsten umzusetzen und aufrechtzuerhalten. Frauen mit gebundenen Füßen wurden zum Sinnbild konfuzianischer Ethik. Ihre Rolle als Tochter, Mutter und Schwiegermutter spiegelte den Konfuzianismus in Reinkultur wider. In der Kernfamilie, im täglichen Zusammenspiel mit ihren direkten Antagonisten, den Männern, konnten die Frauen ihre Positionen dennoch gegenüber den patriarchalen Strukturen stärken. Innerhalb der bestehenden Geschlechterordnung und der vorgegebenen Hierarchie, die das Leben zwischen Männern und Frauen regelte, verhalf der Brauch der Lilienfüße, diese „traditionelle Lebensweise" zu erhalten. Das chinesische Familiensystem konnte sich so über Jahrhunderte etablieren und als Mikrokosmos in das staatliche System einfügen. Nur durch die fortwährende Adaption der Sitte an das konfuzianische Familiensystem, konnte der Brauch über so einen langen Zeitraum erhalten bleiben.

Deutlich wird hier die Absicht eines Rituals für eine Gesellschaft und ihre Ordnung. Es liegt im Wesen eines Rituals, ein bestimmtes gesellschaftliches Zusammenspiel zu lancieren, zu fördern und zusammenzuhalten. Als Initiationsritus für Mädchen wirkten Lilienfüße an der Basis des Systems. Dort angesiedelt sorgte der Ritus dafür, dass er tief verankert wurde in die Traditionen der Gemeinschaft und von Generation zu Generation als „identitätsstiftendes" Kulturgut tradiert werden konnte.

Traditionen sind der „Leim", der eine Gruppe von Menschen, eine Ethnie oder eine Nation zusammenhält. Wir berufen uns alle – selbst in unserer westlichen, von Globalisierung und Kapitalismus geleiteten Welt – auf eigene Traditionen und unsere Kultur. Traditionelles Kulturgut wirkt Identität stiftend und dient der Abgrenzung. In diesem Kontext stellen Rituale einen wichtigen Teil von Kultur dar. Als Traditionen vermitteln sie ein Wir-Gefühl. Rituale regeln, wie Verbote oder Gebote, das Zusammenleben in jeder menschlichen Gesellschaft. Unsere Kultur mit ihren Bräuchen (Karneval) und Ritualen (Hochzeit, Beerdigung) prägt uns in unserem täglichen Handeln und hilft uns, sich in unserer Gesellschaft zu positionieren. Wir sind also nur bedingt frei von kulturspezifischen Werten und Normen, auch wenn wir der Meinung sind, wir würden keinerlei Traditionen leben. Die Dimensionen der Lilienfüße werden deutlich, wenn wir uns vor Augen führen, welch hohen Stellenwert sie in der chinesischen Gesellschaft über so einen langen Zeitraum hatten. Die Sitte der Lilienfüße war so tief im „kollektiven Bewusstsein" verankert, dass sich Chinesen ihre Kultur ohne die Tradition der Lilienfüße nicht vorstellen konnten. Als Ritus wurden Lilienfüße zu einem dominanten chinesischen Kulturgut, welches das Wir-Gefühl einer ganzen Nation stärkte.

Erst mit dem „Zerfall" des Jahrhunderte vorherrschenden gesellschaftlichen Systems in China verloren Lilienfüße an Bedeutung. Mit dem Auseinanderbrechen des gesellschaftlich-politischen Systems gehen Traditionen und Bräuche als Kulturgut verloren. Nur dort, wo ein System bestehen bleibt, können auch Sitten bestehen bleiben. Ähnlich verhält sich dies mit der Institution der Kirche. Innerhalb dieser Ordnung bleiben Übergangsriten wie das Noviziat bestehen und werden weiterhin praktiziert, denn sie stützen in ihrer Funktion das kirchliche System. Viele Jahrhunderte hat die Kirche mit ihren Normen und Ritualen und dem Wertekodex das gesellschaftliche Leben maßgeblich bestimmt und sorgte für einen gemeinsamen Konsens. Das hat sich insofern geändert, als wir frei sind, zu entscheiden, ob wir diesem System mit seinen Ritualen folgen wollen oder ob wir uns anders entscheiden möchten.

In China zeichnet sich eine ähnliche Entwicklung ab. Es wird ebenfalls nicht ganz seinen Traditionen und seinem Ritualwesen entsagt haben. So legen die Ahnenverehrung und die prächtigen Neujahrsfeste Zeugnis davon ab, dass die Gesellschaft an bestimmten Sitten festhält und diese als eigenständiges Kulturgut versteht. Der Konfuzianismus als Philosophie, hat weiterhin einen wichtigen Stellenwert in der Gesellschaft und fungiert als kleines System innerhalb des großen. Wie die Kirche ist auch der Konfuzianismus ein bisschen trendabhängig, stellt aber doch die moralische Grundlage für mehrere Millionen von Menschen dar. Innerhalb dieses Systems werden auch die konfuzianischen Riten vollzogen und beibehalten. Lilienfüße waren aber zu keinem Zeitpunkt ein per se konfuzianisches Ritual – um der eventuellen Frage vorzugreifen, dass Lilienfüße innerhalb des konfuzianischen Systems doch eine Chance des Überlebens gehabt hätten. Nein – Lilienfüße stützten das konfuzianische System nur im familiären Bereich. Hier trugen sie als Brauch dazu bei, das familiäre Gesellschaftssystem zu unterstützen, welches sich durch eine starke hierarchische Ordnung auszeichnete. Die chinesische Kernfamilie hat sich heute in ihrer Struktur grundlegend verändert und folgt anderen Idealen als zu Zeiten des alten feudalen China.

Ich möchte behaupten, dass es keine Gesellschaft gibt, die ohne Traditionen respektive Rituale funktioniert. Jeder Mensch erlebt irgendwann in seinem Leben Übergangsrituale: das Ende der Schulzeit, Studium, erfolgreiche Promotion, Eheschließung oder Geburt der Kinder (besonders das Wochenbett stellt ein Ritual dar), um nur wenige zu nennen. Überall stolpern wir über Bräuche, die in irgendeiner Form einen Wechsel markieren. Weshalb sie nicht mehr durch außerordentliche Grausamkeit gekennzeichnet sind wie seiner Zeit die Lilienfüße, ist eine berechtigte Frage. Augenscheinlich ist es so, dass nur noch bestimmte Gesellschaften, schmerzhafte Initiationsriten für ihre Mitglieder vollziehen. Meist handelt es sich hierbei um „traditionell"[107] lebende Völker, deren Habitate tatsächlich nicht in den Regionen der Industrienationen liegen. Dagegen wird in Afrika und weiten Teilen der arabischen Welt, besonders den islamisch geprägten Regionen, das schmerzhafte Ritual der Beschneidung sowohl für Männer als auch Frauen nach wie vor vollzogen.

Nicht von ungefähr vergleicht GERRY MACKIE; Associate Professor der Universität Kalifornien in San Diego, die Geschichte der Lilienfüße und ihre erfolgreiche Beendigung durch die „Anti-Footbinding-Bewegung" mit der „Female Genitale Mutilation", der Beschneidung der Frauen. Bereits 1996 schrieb er den Artikel *„Ending Footbinding and Infibulation: A Convention Account"*. Es folgten zwei weitere Arbeiten zu diesem Thema 2000 (*„Female Genital Cutting: The Beginning of the End"*) und 2009 (*„Ending Harmful Conventions: Liberal Responses to Female Genital Cutting"*), in denen er die Mechanismen der „Tianzu-Bewegung"[108] zu erörtern versucht und in Betracht zieht, dass ein Ende der weiblichen Beschneidung mit ähnlichen Mitteln

---

107 Hier meine ich nicht Völker mit Traditionen, sondern verwende den „politisch korrekten" Ausdruck für ursprünglich als primitive, archaische, vorindustrielle Völker bezeichnete Gruppen. Wobei ich ausdrücklich darauf hinweisen möchte, dass sämtliche Begriffe, die versuchen, einen wertneutralen und einheitlichen Terminus für andere Gesellschaftsformen als unsere zu finden, in der Regel unglücklich gewählt sind.

108 Die „Anti-Footbinding-Bewegung" wird auch als „Tianzu-Bewegung" bezeichnet, weil durch ihren Einfluss die Begriffe „tianzu" für natürlichen Fuß

zu erzielen wäre, wie seinerzeit das Ende der Lilienfüße (Mackie 2000:256). Das allerdings wäre ein Jahrhundertereignis für Millionen von Frauen. Die Erfolgsmechanismen der „Tianzu-Bewegung" liegen meines Erachtens in der strategischen Vorgehensweise der „Fußreformierer". Abgesehen von der Mobilisierung der Massen führte die „Anti-Footbinding-Bewegung" einen rigiden verbalen Kampf gegen die Anhänger der Lilienfüße – im Besonderen aber gegen die betroffenen Frauen. Deren Ängste, Brauchtum zu Gunsten der Gesundheit oder Modernisierung aufzugeben, sind nachvollziehbar. Ein gewisses Maß an Distanz ist hilfreich, damit Menschen ihr Handeln hinterfragen und sich und ihre Traditionen einer Prüfung unterziehen. Die entscheidende Frage, die sich die Menschen stellen müssen, lautet: Welches sind die schwerwiegendsten Konsequenzen, wenn ich auf diese Tradition verzichte?

Ob GERRY MACKIES´ Ansatz für das afrikanische Problem der Genitalbeschneidung erfolgreich wäre, ist fraglich. Die Befreiung der Lilienfüße hing keineswegs von der Einsicht der betroffenen Frauen ab. Im Gegenteil, sie waren noch davon überzeugt, dass es eine wichtige Han-chinesische Tradition sei, die Füße zu binden. Die Ausgrenzung und Diffamierung von Lilienfuß-Frauen war die Folge. Getragen wurde die Bewegung in den Anfängen vielmehr von Außenstehenden wie Missionaren und westlichen Frauen sowie einigen wenigen Intellektuellen. Es waren also vornehmlich Menschen, die dem chinesisch-konfuzianischen Gesellschaftssystem kritisch gegenüberstanden (KANG YOUWEI) und somit auch seinen Traditionen und Werte, zu denen die Lilienfüße selbstredend gehörten. Die chinesischen Frauen haben mehrheitlich an der Sitte festgehalten und sie als ein trotz der Grausamkeit zu schützendes Kulturgut betrachtet. Erst mit der Durchsetzung fremden, „revolutionären" und auf Gleichberechtigung von Mann und Frau ausgerichteten Gedankenguts innerhalb der Gesellschaft, kam es zu einem steten Wandel, der sich in den Köpfen vollzog. Um die Beschneidung oder andere Rituale, die mit starken Einschränkungen für die Betroffenen behaftet sind, zu beenden, muss demnach langfristig und in erster Linie das gesellschaftliche System, in welchem diese Sitte jeweils praktiziert wird, verändert werden. Nur so kann es zu einem Umdenken in der Gemeinschaft

---

geprägt wurden und der Weg zu normalen nicht gebundenen Füßen das Ziel der Vereinigung war.

kommen, damit sie einen Verzicht auf solche Rituale als erstrebenswert erachtet und in Betracht ziehen kann.

Das dogmatische Ritual der Lilienfüße konnte nur durchbrochen werden, indem die Grundfeste des konfuzianischen Gesellschaftssystems hinterfragt wurden. Die „Anti-Footbinding-Bewegung" setzte unter anderem an den bestehenden Hochzeits-Regelungen an, indem sie die Menschen davon überzeugte, keine Ehen mehr mit Lilienfuß-Frauen einzugehen. Somit untergruben die Anhänger der Bewegung das chinesische Familiensystem, welches über so einen langen Zeitraum unangetastet geblieben war. Erfolg erzielten sie langfristig aber erst durch die politischen Veränderungen, die das Ende des Kaiserlichen China zur Folge hatten. Der gesellschaftliche Wandel und Zusammenbruch der familiären Strukturen führte dazu, dass alte Traditionen „über Bord geworfen" wurden. Jede „alte" Gewohnheit, die Rückständigkeit zu suggerieren drohte, wurde hinterfragt. Bei dieser „Bestandsaufnahme" der chinesischen Kultur konnte man sich „feudaler" Traditionen entledigen. Zu jenen gehörten auch die Lilienfüße, die somit zu einem Teil chinesischer Geschichte wurden.

8. Anhang

Abb. 1

Yao Niang binds her Feet. Drawing from *Cai fei lu*.
Quelle: Wang Ping *Aching for Beauty* 2000, S. 8.

Abb. 2

Quelle: *Chinese Historical and descriptive Gao*, Hong-Xing 2007, S. 43.

Abb. 3

Chinese im Cangue.
Quelle: *John Thomson (1879). Illustrations of China and Its People.*

Abb. 4

Quelle: *La Couturière Parisienne 1895.*

Abb. 5

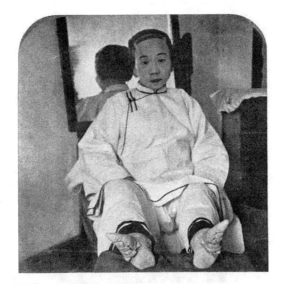

Quelle: *Women of All Nations 1911, S. 532.*

Abb. 6

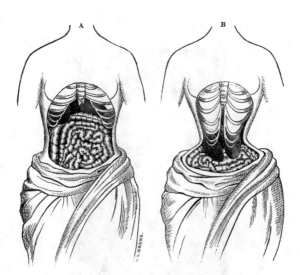

Quelle: *New Pathfinder No. 2; Physiology for young people adapted to intermediate classes and common schools, S. 84, Fig. 11. A: the natural position of internal organs. B: when deformed by tight lacing.*

101

Abb. 7

Elisabeth Vernon wearing an informal linen jacket over her rose-pink pair of bodies.
Quelle: *www.tudorplace.com.ar.* Ca.1590.

Abb. 8

Quelle: *http://homepage.ntlworld.com/davesplace/gImages/tight.jpg.*

Abb. 9

Quelle: *http://www.albert-ottenbacher.de/goldstern_fr/van_gennep.jpg* 1920.

Abb. 10

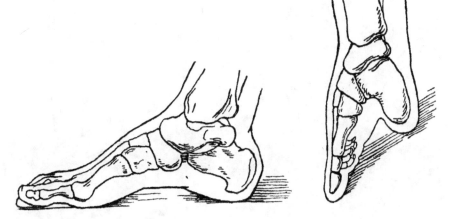

Quelle: *Husmoderens blad 1898, S. 170.*

Abb. 11

Quelle: *Das Weib im Leben der Völker 1910; S. 430.*

9. Glossar[109]

Dynastien 朝 (*chao*):

夏	Xia-Dynastie (2100 - 1751 v. Chr.)
商	Shang-Dynastie (1751 - 1066 v. Chr.)
春秋	Frühling-und Herbstperiode (722 - 481 v. Chr.)
亲	Qin-Dynastie (221 - 206 v. Chr.)
汉	Han-Dynastie (202 v. Chr. - 220 n. Chr.)
唐	Tang-Dynastie (618 - 907 n. Chr.)
五代	Fünf Dynastien (907 - 960 n. Chr.)
十国	Zehn Reiche (920 - 979 n. Chr.)
宋	Song-Dynastie (960 - 1279 n. Chr.)
元	Yuan-Dynastie (1279 - 1368)
明	Ming-Dynastie (1368 - 1644)
清	Qing-Dynastie (1644 - 1911)

Chinesische Begriffe:

Kapitel 3

新华	*xinhua* (Name der chinesischen Nachrichtenagentur)
缠足 / 裹足	*chanzu* (gewickelter Fuß) / *guozu* (eingewickelter, gebundener, verhüllter Fuß)
三村	*san cun* (Drei Zoll)
小脚一双, 眼泪一缸	*xiao jiao yi shuang, yanlèi yi gang* (Ein paar gebundener Lilien, ein Krug voll Tränen)
客家话	*Kèjiāhuà* (Hakka)
蛋家	*Dànjiā* (Tanka)
汉人	*han ren* (Titularnation der Han-Chinesen)
蒙古人	*měng gǔrén* (Mongolen)

---

109 Im Glossar erscheinen die chinesischen Begriffe entsprechend ihrer Reihenfolge im Text. Dynastien und Personennamen nach zeitlicher und alphabetischer Reihenfolge.

西藏人	*xī zàngrén* (Tibeter)
木枷	*mu jia* (Kang) chinesische Strafe
天足	*tianzu* (Himmlischer Fuß, natürliche Füße)
疼女不疼足	*teng nü bu teng zu* (Die Tochter lieben, die Füße hassen [nicht lieben])

Kapitel 5

阳	*Yang* (das männliche oder das positive Prinzip in der Natur, nach der altchinesischen Philosophie und Medizin)
金瓶梅	*Jin Ping Meh*, einer der chinesischen Klassiker aus der Literatur
摩梭	*Mósuō* (Ethnie mit tibeto-burmanischer Sprache im Südwesten Chinas)
董事	*dongshi* (Die Dinge verstehen)
修身	*xiushen* (Vervollkommnung – eine Form der mentalen Reife)
内人	*neiren* (Bezeichnung für Frauen, die die inneren häuslichen Angelegenheiten regelten)
外	*wai* (außen, extern)
公	*gong* (öffentlich, gemeinschaftlich, staatlich)
礼记	*liji* (Buch der Riten, eines der Fünf Klassiker, die Konfuzius zugeschrieben werden)

Kapitel 6

天	*tian* (der Himmel)
礼部	*libu* (Ritenministerium)
灵	*ling* (Prinzip der Macht der Wirkung auf Dinge)
母亲	*muqin* (Mutter Erde, Mutter Natur – daoistische Gottheit)
汽	*qi* (Lebensenergie)
疼	*teng* (Lieben, aber auch Hassen)
女工	*nügong* (die Arbeiten der Frauen: auch Stickerei)
岁	*sui* (Alter)
黄帝内经	*huang di nei jing* („Buch des gelben Kaisers zur Inneren Medizin")
疼女不疼足	*teng nü bu teng zu*
疼儿不疼学	*teng er bu teng xue*

106

Ortsnamen

杭州	*Hangzhou*
开封	*Kaifeng*
广东	*Guangdong*
福州	*Fuzhou*
河南	*Henan*
四川	*Sechuan*
福建	*Fujian*

Personennamen

成帝	*Chengdi (33 – 7 v. Chr.), Kaiser der Han-Dynastie*
慈禧	*Cixi, Kaiserinwitwe der letzten Qing-Dynastie (1835 - 1908)*
大禹	*Da Yu (2207 - 2198 v. Chr.), Gründer der Xia-Dynastie*
觀音	*Guanyin, weiblicher Bodhisattva (nach höchster Erkenntnis strebendes Wesen, welches auf dem Weg der Tugendhaftigkeit die „Buddhaschaft" erreichen möchte)*
卢公明	*Justus Doolittle (1824–1880), Reverend und Missionar der „American Board of Commissioners for Foreign Missions", der ersten christlichen Mission, in China*
康有为	*Kang Youwei (1858–1927), Literat und Reformer unter Kaiser Guangxu (1875–1908)*
李煜	*Li Yu (937–978 n. Chr.), chinesischer Dichter und der letzte König des südlichen Tang-Reiches*
梁启超	*Liang Qichao (1873–1929), Historiker, Schüler von Kang Youwei*
毛泽东	*Mao Zedong (1893–1976), Gründer der Volksrepublik China und Vorsitzender der KPCh (1935–1976)*
乾隆	*Qianlong, Regierungsperiode des vierten Mandschu-Kaisers Aisin-Gioro Hong Li (1736–1795)*
秦始皇帝	*Qin Shihuang Di (259 - 210 v. Chr.), Gründer der Qin-Dynastie*
商纣王	*Shang Zhou Wang (? - 1122 v. Chr.), letzter Herrscher der Shang-Dynastie*

孙逸仙	*Sun Yatsen (1870–1925), erster Präsident der neuen Republik 1911 mit Hauptstadt Nanjing*
西施	*Xi Shi (770 – 476 v. Chr.), eine der vier klassischen Schönheiten, lebte während der Frühlings- und Herbstperiode*
姚靈犀	*Yao Lingxi, Verfasser der Bücher Cai FeiLu*
窅娘	*Yao Niang, Konkubine von Li Yu*
趙飛燕	*Zhao Feiyan (32 - 1 v. Chr.), Kaiserin der Han-Dynastie, Frau von Chengdi*

10. Bibliographie

Ausserer, Caroline (2003): *Menstruation und weibliche Initiationsriten.* Frankfurt: Peter Lang.

Blake, C. Fred (2000): Foot-Binding in Neo-Confucian China and the Appropriation of Female Labor." In: Laura Schiebinger (Hg.): *Feminism and the Body.* Oxford: Oxford University Press, 2000. Originally published in *Signs Vol. 19:3,* S. 676–712 (1994). Presented online in association with JSTOR: http://www.jstor.org/stable/pdfplus/3174774.pdf. Erstellt am 29. November 2010.

Brown, Judith K. (1963): A Cross-Cultural Study on Female Initiation Rites. In: *American Anthropologist, New Series Vol. 65:4,* S. 837–853 Presented online in association with JSTOR: http://www.jstor.org/stable/668933. Erstellt am 8. Oktober 2010.

Brown, Melissa J. (2007): Ethnic Identity, Cultural Variation, and Processes of Change: Rethinking the Insights of Standardization and Orthopraxy. In: *Modern China Vol. 33:91.* Presented online in association with SAGE: http://mcx.sagepub.com/content/33/1/91. Erstellt am 11. Oktober 2010.

Buschan, Georg (1910): *Die Sitten der Völker.* Erster Band. Berlin, Leipzig, Stuttgart: Union Deutsche Verlagsgesellschaft.

Butler, Kenneth G. (1985): Footbinding, Exploitation and Wrongfulness: a Non-Marxist Conception. In: *Diogenes 1985, Vol. 33:57,* S. 57–73. Presented online in association with SAGE: http://dio.sagepub.com/content/33/131/57. full.pdf+html. Erstellt am 30. November 2010.

Chang, Jingwoan (2001): Prostitution and Footbinding Images of Chinese Womanhood In: *Late Nineteenth-Century San Francisco.* Online abrufbar unter: http://userwww.sfsu.edu/~epf/2001/chang.html. Erstellt am 30. November 2010.

Chao, Yuan Ling (2009): Poetry and Footbinding: Teaching Women and Gender Relations in Traditional China. In: *World History Connected, Vol. 6:2.* Presented online in association with the History Cooperative: http://www.historycooperative.org/journals/whc/6.2/chao.html. Erstellt am 5. November 2009.

Dellenborg, Liselott (2007): *Multiple Meanings of Female Initiation. Circumcision among Jola Women in Lower Casamane, Senegal.* Göteborg: Göteborg University.

Doolittle, Justus (1866): *Social Life of the Chinese.* London: Sampson Low, Son & Marston.

Ebrey, Patricia (1999): "Gender and Sinology: Shifting Western Interpretations of Footbinding, 1300–1890". In: John Hopkins University Press (Hg.): *Late Imperial China, Vol. 20,* S. 1–34. Baltimore: John Hopkins University Press and the Society for Qing Studies.

Finnane, Antonia (2008): *Changing clothes in China: fashion, history, nation.* New York: Columbia University Press.

高，洪兴 (Gao, Hong-Xing) (2007): 缠足史. 中国社会民俗史：新丛书. 上海文艺出版社. Shanghai.

Chánzú Shì. Zhōngguó shè huì mín sú shì. Xīn cóng shū: Shànghǎi wényì bǎn shè.

Gates, Hill (1989): The Commodization of Chinese Women. In: *Signs, Vol. 14:4,* S. 799–832 *Common Grounds and Crossroads: Race, Ethnicity, and Class in Women's Lives.* Presented online in association with JSTOR: http://www.jstor.org/stable/3174685. Erstellt am 6. März 2011.

2001 Footloose in Fujian: The Economic Correlates of Footbinding. In: *Comparative Studies in Society and History, Vol. 43,* S. 130–148. Presented online in association with JSTOR: http://www.jstor.org/stable/pdfplus/2696625.pdf?acceptTC=true. Erstellt am 8. Oktober 2010.

Greenhalgh, Susan (1977): Bound Feet, Hobbled Lives: Women in Old China. In: Frontiers: *A Journal of Women Studies, Vol. 2:1,* S. 7–21. Presented online in association with JSTOR: http://www.jstor.org/stable/pdfplus/3346103.pdf. Erstellt am 8. Oktober 2010.

Hirschberg, Walter (1999): *Wörterbuch der Völkerkunde.* Berlin: Dietrich Reimer Verlag.

Hong, Fan (1997): *Footbinding, Feminism and Freedom: The Liberation of Women's Bodies in Modern China.* London: Frank Cass.

Hohe, (2007): *Gesundheit aus dem alten China.* Fernöstliches Heilwissen in Theorie und Praxis. Erftstadt: Verlage HOHE GmbH.

Jackson, Beverly (1997): *Splendid Slippers: A Thousand Years of an Erotic Tradition.* Berkley: Ten Speed Press.

Kitahara, Michio (1984): Female Physiology and Female Puberty Rites. In: *Ethos Vol.12:2*, S. 132–150. Presented online in association with JSTOR: http://www.jstor.org/stable/639962. Erstellt am 8. Oktober 2010.

Ko, Dorothy (1994): *Teachers of the Inner Chambers: Women and Culture in Seventeenth-Century China.* Stanford: Stanford University Press.

1997 The Body as attire: The Shifting meanings of Footbinding in seventeenth-century China. In: John Hopkins University Press (Hg.): *Journal of women's History, Vol. 8*, S. 8–27. Baltimore: John Hopkins University Press.

2002 *Every step a Lotus: Shoes for Bound feet.* Berkley: University of California Press.

2007 *Cinderella's Sisters: A revisionist History of Footbinding.* Berkley: University of California Press.

Kuhn, Franz (1954): *Jin Ping Meh oder die abenteuerliche Reise des Hsi Men und seiner sechs Frauen.* Leipzig: Insel Verlag.

Levy, Howard S. (1966): *Chinese Footbinding: The History of a Curious Erotic Custom.* New York: Walton Rawls.

1993 *The Lotus Lovers: The Complete History of the Curios Erotic Custom of Footbinding in China.* Lower Lake, California: Prometheus Books.

Loague, Kate (2006): ...#510: If the Shoe Fits.... Chicago: Betty Rymer Gallery. Online abrufbar unter: http://www.artic.edu/saic/bettyrymer. Erstellt am 4. November 2010.

Lord, W.B (1868): *The Corset and the Crinoline: A Book of Modes and Costumes from Remote Periods to the Present time.* London: Ward, Locke and Tylor.

2007 *The Corset and the Crinoline. An illustrated History.* New York: Dover Publications.

Lutkehaus, Nancy C. and Paul B. Roscoe (1995): *Gender Rituals. Female Initiation in Melanesia.* New York: Routledge.

Mackie, Gerry (1996): Ending Footbinding and Infibulation: A Convention Account. In: *American Sociological Review, Vol. 61:6*, S. 999–1017. Presented online in association with JSTOR: http://links.jstor.org/sici?sici=0003-1224%28199612%2961%3A6%3C999%3AEFAIAC%3E2.0.CO%3B2-0. Erstellt am 17. Dezember 2009.

2000 Female Genital Cutting: The Beginning of the End. In: Bettina Shell-Duncan and Ylva Hernlund (Ed.) *Female Circumcision in Africa: Culture, Controversy, and Change*. Boulder: Lynne Rienner Publishers. Presented online in association with Tostan: http://www.tostan.org/web/page/644/sectionid/548/pagelevel/3/interior.asp. Erstellt am 9. Dezember 2009.

2009 *Ending Harmful Conventions: Liberal Responses to Female Genital Cutting*. Online abrufbar unter: http://dss.ucsd.edu/~gmackie/documents/LiberalResponsesFGC.pdf.

Erstellt am 29. September 2010.

Messmann, Stefan (2010): *Krüppelfüßchen der Chinesinnen. Sinnlichkeit oder männliche Dominanz?* Bochum: Europäischer Universitätsverlag.

Nehberg, Rüdiger und Weber, Annette (2008): *Karawane der Hoffnung. Mit dem Islam gegen den Schmerz und dass Schweigen*. München: Piper Verlag GmbH.

Nürnberger, Marc (2009): *Sanfte und mächtige Frauen aus China: Kaiserinnen, Künstlerinnen, Konkubinen*. München: Elisabeth Sandmann Verlag.

Pao Tao, Chia-lin (1994): The Anti-Footbinding Movement in Late Ch'ing China: Indigenous Development and Western Influence. *Jindai zhongguo funüshi yanjiu* 近代中國婦女史研究 [Research on women in modern Chinese history] 2: 141–78.

Scheper-Hughes, Nancy (1987): The Mindful Body: A Prolegomenon to Future Work in Medical Anthropology. In: Nancy Scheper-Hughes und Margaret M. Lock (Ed.): *Medical Anthropology Quarterly Volume 1:1*, S. 6–41. Online abrufbar unter:http://courses.temple.edu/shea/Scheper-Hughes_Lock_Mindful_Body.pdf. Erstellt am 9. Januar 2011.

See, Lisa (2005): *Der Seidenfächer*. New York: Random House.

See Yan Ma, Shirley (2010): *Footbinding. A Jungian Engagement with Chinese Culture and Psychology*. East Sussex: Routledge.

Steele, Valerie (2001): *The Corset: A Cultural History*. New Haven & London: Yale University Press.

van Gennep, Arnold (1968): *Übergangsriten (Les rites de passage)*. Frankfurt: Campus Verlag.

Vento, Marie (1998): *One Thousand Years of Chinese Footbinding: Its Origins; Popularity and Demise*. In: Chinese Culture (Term Paper/Core 9). Online abrufbar unter: http://academic.brooklyn.cuny.edu/core9/phalsall/studpages/ vento.html. Erstellt am 30. November 2010.

Waley, Arthur (1947): The Chinese Cinderella Story. In: *Folklore, Vol. 58:1,* S. 226.238. Presented online in association with JSTOR: http://www. jstor.org/stable/1256703. Erstellt am 27. Oktober 2010.

Wang, Ping (2002): *Aching for Beauty: Footbinding in China.* New York: Anchor Books.

Weckmann, George (1970): Understanding Initiation. In: *History of Religions, Vol. 10:1,* S. 62–79 Chicago: The University of Chicago Press. Presented online in association with JSTOR: http://www.jstor.org/stable/1061823. Letzter Zugriff am 08. Oktober 2010.

Whitefield, Brent (2008): The *Tian Zu Hui* (Natural Foot Society): Christian Women in China and the Fight against Footbinding. In: *Southeast Review of Asian Studies Vol.* 30, S. 203–212. Erstellt am 21. Januar 2011.

Yutang, Lin (1936): *Mein Land und mein Volk.* Stuttgart: Deutsche Verlagsanstalt.

Zito, Angela (2007): Secularizing the Pain of Footbinding in China: Missionary and Medical Stagings of the Universal Body. In: *Journal of the American Academy of Religion Vol.* 75, S. 1–24. Presented online: http:// religion.ua.edu/secure/rel419zito.pdf. Erstellt am 29. September 2010.

Index